Jana Schumacher

Nicht auf den Kopf gefallen, oder?!

Druck und Bindung des vorliegenden Buches erfolgten in Deutschland

*Das verwendete Papier ist FSC-zertifiziert. Als unabhängige,
gemeinnützige, nichtstaatliche Organisation hat sich der* Forest
Stewardship Council *(FSC) die Förderung des verantwortungsvollen
und nachhaltigen Umgangs mit den Wäldern der Welt zum Ziel gesetzt*

Die Deutsche Bibliothek verzeichnet diese Publikation in der
Deutschen Nationalbibliografie; detaillierte bibliografische
Daten sind im Internet über www.d-nb.de abrufbar

Lektorat: Dr. Thomas Baumann
Umschlaggestaltung: spoon design, Olaf Johannson
Umschlagabbildung (oben): Pavinee Chareonpanich/Shutterstock.com
Umschlagabbildung (unten) sowie Bilder innen:
Jana Schumacher/privat
Satz: Neufeld Verlag
Herstellung: CPI – Clausen & Bosse, Birkstraße 10, 25917 Leck

© 2019 Neufeld Verlag, Sauerbruchstraße 16, 27478 Cuxhaven
ISBN 978-3-86256-097-4, Bestell-Nummer 590 097

www.neufeld-verlag.de / www.neufeld-verlag.ch

Bleiben Sie auf dem Laufenden:
newsletter.neufeld-verlag.de
www.**facebook**.com/NeufeldVerlag
www.neufeld-verlag.de/**blog**

NEUFELD VERLAG

Jana Schumacher

Nicht auf den Kopf gefallen, oder?!

Die ergreifende Lebensgeschichte einer Frau,
die von ihrer Familie verlassen wurde
und begriff, auf wen man sich verlassen kann

NEUFELD VERLAG

Dieses Buch widme ich den Menschen,
die mir mein Herz gestohlen haben:

Katrin und Thomas, Conny, Sabrina und Christian.

Kommt niemals auf den dummen Gedanken, es mir
wiedergeben zu wollen. Es gehört euch – von Herzen.

INHALT

IN JEDEM FALL – DURCH GOTT

ENDLICH – ENDLICH WAR ES SOMMER geworden.

Ich fuhr auf meinen vier Quadratmeter großen Balkon und positionierte meinen kleinen elektrischen Zimmerrollstuhl so, dass ich in der prallen Sonne stand. Wie lange hatte ich darauf gewartet ...

In meinem roten Spaghettiträger-Kleid genoss ich das Licht, die Wärme und die Leichtigkeit des Augustvormittages im Jahr 2015. Zurückgelehnt in die Kopfstütze blinzelte ich in die Sonne und schloss die Augen. Ich ließ die Seele baumeln.

Allmählich zogen Gedanken durch meinen Kopf. »Wie gut es mir doch jetzt geht!«, staunte ich. »Es ist wirklich Sommer geworden in meinem Leben ...« Und damit meinte ich nicht gerade meine körperliche Verfassung. Denn immer noch gab es keinen Tag, an dem ich schmerzfrei war. Irgendetwas tat mir immer weh – entweder die linke Schulter, weil ich nur den einen Arm benutzen konnte, oder die Hüften vom vielen Sitzen oder auch die Beine, weil sie ständig krampften.

Aber ich ließ mich nicht davon gefangen nehmen.

Innerlich ging es mir besser als jemals zuvor. Endlich war ich angekommen. Ich war zu Hause – auch bei mir selbst, weil ich dem vertrauen durfte, der uns Menschen in jedem Fall auffängt und trägt: Gott! Durch seine grenzenlose Liebe hatte ich gelernt, wie befreiend es ist, wenn ich erlittenes Unrecht vergebe, wenn ich manches – was nicht dem Leben dient – aufgebe, hergebe und wenn ich Gutes abgebe ... es mit anderen teile.

Mein himmlischer Vater selbst hatte mir inzwischen einen Platz an der Sonne geschenkt, obwohl – oder gerade weil – ich so viele Jahre auf der Schattenseite des Lebens verbringen musste ...

HEIM-WEH

ES KAM NICHT GERADE IN den besten Familien vor, was ich als Kind erlebte: Mit nicht ganz zwei Jahren kam ich – 1974 – in ein Heim für Menschen mit geistiger Behinderung. Meine Mutter und mein Vater erzählten mir damals, dass ich dort gut aufgehoben sei, weil sie selbst viel arbeiten müssten und für mich nur wenig Zeit hätten …

Tatsache war aber, dass ich mich von Anfang an hier nicht wohl fühlte und ganz schnell merkte, dass meine Mitbewohner so ganz anders waren als ich. Vor manchen hatte ich sogar regelrecht Angst, weil sie ans Bett gefesselt wurden und auch mitten in der Nacht herumschrien und wild zappelten. Andere hauten tagsüber immerzu ihre Köpfe an eine Wand oder bissen sich in die Arme, bis sie ganz wund und blutig waren.

Ich fand keine Freunde oder Spielkameraden, die sich mit denselben Dingen beschäftigen wollten wie ich. Häufig saß ich nun allein in der Spielecke. Ich puzzelte oder spielte Memory. Das machte mir Spaß. Und dennoch litt ich. Mich plagte das Heimweh.

Wiederum gab es aber auch Momente, die ich genießen konnte. Wenn eine Erzieherin uns Kindern zum Beispiel ein Märchen vorlas, hörte ich konzentriert und begeistert zu. Hinterher schaute ich mir dann oftmals das Buch noch einmal in Ruhe an …

Nach einer Vorlesestunde nahm Tante Britt – wie ich meine Lieblingsbetreuerin nannte – mich einmal auf den Schoß. Sofort kuschelte ich mich dicht an sie und erzählte ihr das Märchen vollständig nach. Außerdem interessierte ich mich im Laufe der Zeit viel mehr für die Buchstaben in den Büchern als für die Bilder. Ständig fragte ich Tante Britt wissbegierig: »Was ist das?« Und da ich nicht ganz dumm war, lernte ich im Nu das ganze Alphabet. Somit konnte ich mit fünf Jahren bereits lesen.

Nichts täuschte mehr darüber hinweg, dass ich in diesem Heim fehl am Platz war... Natürlich wurden meine Eltern darüber informiert. Als ich erfuhr, dass sich mein Papa und meine Mama deswegen ankündigten, freute ich mich riesig. Doch zugleich heckte ich einen Plan aus. Ich wollte weglaufen und mich hinter einem großen Baum verstecken, damit sie sich Sorgen machten und mich voller Angst suchten. »Wenn sie mich dann gefunden haben, werde ich ihnen sagen, dass ich sie furchtbar vermisse und endlich nach Hause will...«, klügelte ich mir heimlich aus.

Als meine Eltern endlich kamen, lief ich demnach weg. Aber ich wusste nicht, was sich währenddessen lautstark im Büro der Heimleitung abspielte.

Mein Vater argumentierte: »Dass unsere Tochter behindert ist, sieht ja wohl ein Blinder mit 'nem Krückstock!«

Frau Möller – die Heimleiterin – antwortete erschrocken: »Bei ihrer Tochter handelt es sich einzig und allein um eine körperliche Behinderung. Alle meine Mitarbeiter können Ihnen bestätigen, dass Jana intelligent ist. Sie gehört in die Schule, Herr Schumacher!«

Wütend erwiderte er: »Sie kann nicht mal ordentlich sprechen: Da glauben Sie allen Ernstes, dass sie das Schreiben und Rechnen lernt.« Er schnaufte, stand auf und verließ – zusammen mit meiner Mutter – das Büro.

Frau Möller blieb nicht nur wort-, sondern auch sprachlos zurück.

Ich musste damals mitansehen, wie meine Eltern das Gebäude verließen, schimpfend in ihr Auto stiegen und wieder wegfuhren – ohne sich für mich interessiert zu haben. Traurig ging ich zurück auf das Zimmer, in dem ich zusammen mit neun anderen kleinen und größeren Mädchen schlief, und weinte bitterlich. Ich war entsetzlich enttäuscht, was nur die Erzieher bemerkten…

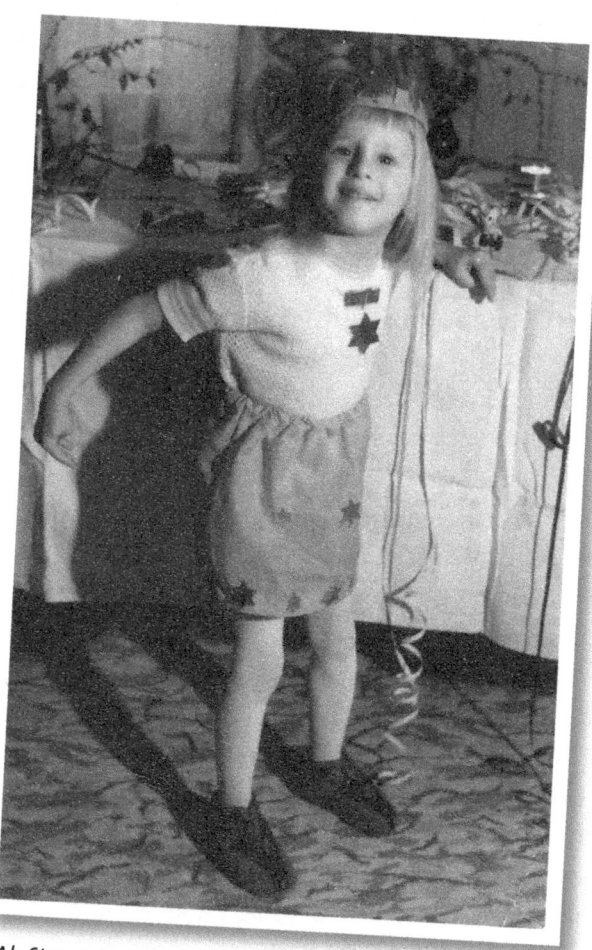

Als Sterntaler erlebte ich beim Fasching gerade eine Sternstunde.

Weitere zwei Jahre blieb ich in dem Heim!

Als ich sieben Jahre alt war, musste ich immer noch an der Musiktherapie teilnehmen, in der sich alle Kinder nach einer Melodie bewegen sollten. Es war oft dasselbe Lied, das gespielt wurde. Ich langweilte mich. Aber ich war von dem großen braunen Holzkasten mit den schwarzen und weißen Tasten fasziniert, aus denen die Töne kamen. Ich merkte mir nach und nach jeden einzelnen Griff, den die Erzieherin auf diesem Instrument tippte.

Eines Tages hatte ich keine Lust auf den alltäglichen Mittagsschlaf. Unbeobachtet schlich ich an das Klavier und spielte die altbewährte Melodie ganz langsam nach. Die stellvertretende Leiterin Frau Kamp traute ihren Ohren nicht, als sie auf dem Weg in den Pausenraum war. Sie hörte eine Weile zu, bevor sie mich erstaunt fragte: »Was machst du denn da?«

Ich erschrak und antwortete ängstlich: »Ich will nicht ins Bett. Ich bin doch gar nicht müde …«

Frau Kamp lobte mich: »Das hast du eben aber schön gespielt. Woher kannst du das?« Daraufhin legte die Erzieherin ihre Hand auf meine kleine Schulter und sagte: »Warte kurz hier … Ich komme gleich wieder.« Schnellen Schrittes holte sie ihre Vorgesetzte, die nun auch nicht mehr bezweifelte, dass ich diese Einrichtung schnellstmöglich verlassen musste.

Erneut wurden meine Eltern benachrichtigt. Nach einer langen und hitzigen Diskussion wurden sie daran erinnert, dass die allgemeine Schulpflicht bestand. Dadurch wurden sie aufgefordert, mit mir in eine Körperbehinderten-Schule zu fahren, damit sie mich dort vorstellten.

Das Zusammensein mit meinen Eltern war für mich sehr befremdlich. Über fünf Jahre hatte ich sie nun nicht mehr gesehen. Während der langen Autofahrt von Bad Lausick nach Leipzig sprachen sie mich nicht einmal an. Ich saß hinten und fürchtete mich vor den Herausforderungen, die mich sogleich erwarten würden, wobei sich meine Eltern vorne über Dinge unterhielten, von denen ich nichts verstand. Sie erwähnten Namen von Menschen, die ich nicht kannte. Und irgendwann gestand mein Vater sogar, dass er Besseres zu tun hätte, als mit »der Göre« durch die Gegend zu fahren. Ich wusste, dass er mich meinte, und war verwirrt…

Als wir endlich am Ziel waren und ich den Schuldirektor sah, wollte ich ihm unbedingt beweisen, dass er künftig auf mich zählen konnte. Darum sagte ich ihm keineswegs: »Guten Tag«. Stattdessen brachte ich es gleich auf den Punkt: »Eins, zwei, drei, vier, fünf, sechs, sieben…«

Der große, grauhaarige Mann schmunzelte nur. »Du weißt ja schon alles… Dann musst du doch gar nicht mehr in die Schule gehen!«, stellte er fest, obwohl er anscheinend nicht ganz von meinem Können überzeugt war. Denn hinterher versuchte er, mir – lang und breit – zu erklären: »Jana, eine Drei wird für dich wie eine Eins deiner Klassenkameraden sein. Wenn du eine Vier bekommst, dann hat das genau so viel Wert wie eine Zwei der anderen. Und bei einer Fünf musst du auch nicht traurig sein, denn die ist mit einer Drei zu vergleichen.« Damals rechnete auch er noch nicht damit, dass mir diese Einschätzung zu dumm sein würde…

UNHEIMLICH KLASSE

ICH FAND ES VON ANFANG an erste klasse, in die Schule gehen zu können. Irgendwie war dort alles ganz anders als im Heim. Mir tat gut, dass Frau Sämann – die Klassenlehrerin – gleich viel höhere Ansprüche an uns – ihre neuen Schützlinge – stellte. Sie erklärte uns, dass wir während der Unterrichtsstunden still sitzen und aufmerksam zuhören mussten. Wir hatten nicht durcheinander zu reden. Und wenn wir etwas nicht verstanden oder eine ihrer Fragen beantworten konnten, sollten wir uns in Zukunft melden.

Die Lehrerin zeigte meinen Klassenkameraden und mir die Turnhalle, wo künftig der Sportunterricht stattfand, den Schulgarten und den Saal, in dem das Mittagessen ausgeteilt wurde. Alles war neu und total aufregend.

Für mich war es auch nicht normal, dass meine Klassenkameraden viel angenehmer und aufgeweckter auf mich wirkten als die Kinder im Heim. Ich freute mich darüber, dass hier niemand ausrastete. Meine neun Mitschüler – wie ich zählte – schienen richtig nett zu sein. »Ob ich hier auch eine Freundin finde?«, fragte ich mich im Stillen. Schließlich waren auch vier Mädchen darunter. »Das wäre – in der Tat – eins a!«, dachte ich.

❧ ❧

Ein wenig unheimlich kam mir allerdings mein neues Heim vor – das Zuhause bei meinen Eltern. Es beeindruckte mich zwar, dass ich jetzt zum ersten Mal ein eigenes Zimmer hatte ... nicht nur mit einem Bett, sondern auch mit ein paar Schränken, einem Schreibtisch und sogar mit vielen tollen Spielsachen ausgestattet, mit denen sich Dirk – mein sechs Jahre älterer Bruder – nicht mehr beschäftigte. Aber irgendwie fühlte ich mich hier trotzdem nicht willkommen. Mein Vater ignorierte

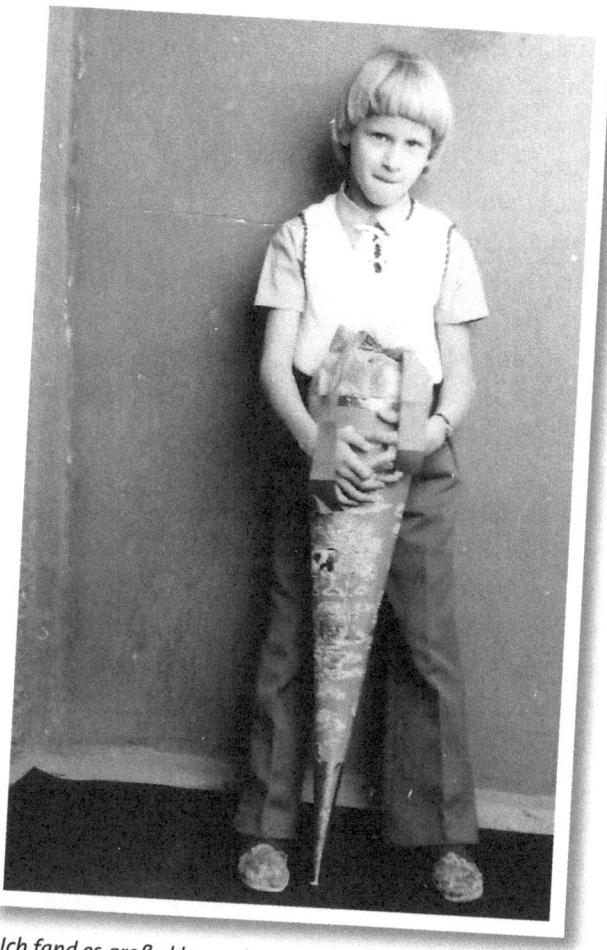

Ich fand es große klasse, dass ich die Schulbank drücken durfte.

mich permanent. Und wenn er mit mir redete, dann betonte er meistens nur: »Wegen dir mussten wir unser schönes Haus in Wahren aufgeben. Du bist schuld, dass wir nach Leipzig gezogen sind und in einer einfachen Vier-Raum-Wohnung leben müssen …« Meine Mutter sah mich fast immer streng an und war sehr kühl, wenn sie mir beim Anziehen oder Essen half und mich zum Schulbus brachte. Und mein 13-jähriger Bruder machte immer wieder abweisende Bemerkungen. »Ich weiß nicht, was du hier willst!«, sagte er zum Beispiel. »Geh doch bloß bald zurück in dein Irrenhaus!« Ich fühlte mich geduldet, aber nicht geliebt …

Unmittelbar nach dem Umzug kauften sich meine Eltern einen alten Schrebergarten, der ungefähr fünfhundert Meter von unserer Wohnung entfernt lag. Er war ihr ganzer Trost. Das erwähnten sie oft bei den Nachbarn. Von da an verbrachten sie dort ihre gesamte Freizeit. Mein Vater baute viel an der Laube herum, um sie zu erneuern und zu verschönern. Er hatte wirklich Talent, denn er war Tischler von Beruf. Gleichzeitig erntete meine Mutter das gesamte Obst, um es einzuwecken oder daraus Marmelade zu zaubern.

Ich saß derweil meistens gelangweilt auf der Hollywoodschaukel und las in dem Märchenbuch, das mir die Erzieherinnen des Kinderheims zum Abschied geschenkt hatten. So gerne hätte ich mit einem Ball gespielt – wie früher. Doch das erlaubte mir meine Mutter leider nicht. Sie befürchtete, dass er in ein Beet rollen und das Angepflanzte ruinieren könnte.

Obwohl ich mich gerade vor ein paar Wochen zu meiner Familie heimbegeben hatte, sehnte ich mich nun manchmal danach, dass ich mich zurück ins Heim begeben durfte …

Glücklicherweise schrieb mich meine Lehrerin nicht ab. Ich begriff sehr schnell, was sie meinen Klassenkameraden und mir beibrachte, und ich konnte die Aufgaben in die Tat umsetzen. Nur beim Schreiben hatte ich große Schwierigkeiten. Ich wusste zwar immer, was die Lehrerin von mir erwartete, aber ich hatte Probleme bei der Handhabung. Da ich mit rechts Buchstaben oder Zahlen auf das Papier bringen sollte, fehlte mir die Kraft, um den Füller richtig halten zu können. Egal, wie viel Mühe ich mir auch gab: Es gelang mir einfach nicht.

Irgendwann sagte die Klassenlehrerin zu mir: »Versuche doch heute Nachmittag mal, deine Hausaufgaben mit der linken Hand zu machen. Du darfst auch einen Kugelschreiber benutzen.«

Gesagt, gewagt.

Als ich später an meinem Schreibtisch saß und den Rat von Frau Sämann befolgte, sah das Geschriebene gleich nicht mehr so krakelig aus. Aber irgendwie störte es mich, dass ich mit der linken Hand viele der Wörter sofort wieder verwischte. Ich ging zu meiner Mutter, die im Wohnzimmer auf dem Sofa saß. Ein wenig entmutigt erzählte ich ihr von der Herausforderung. Danach fragte ich sie: »Mama, das schmiert so auf dem Blatt. Kann man nicht auch andersrum schreiben?«

Meine Mutter schaute mich teilnahmslos an und antwortete knapp: »Klar, mach' doch. Schreib' einfach von rechts nach links.« Und so entstand der Satz »Ein Ei im Eierbecher« spiegelverkehrt in meinem Heft.

Am nächsten Tag zeigte ich meiner Lehrerin stolz den Erfolg. Wider Erwarten guckte Frau Sämann sehr entsetzt und tadelte mich mit erhobenem Zeigefinger: »Jana, was ist denn das? So geht das aber nicht! In anderen Ländern schreibt man so, aber nicht bei uns…«

Ich erwiderte erschrocken: »Aber – meine Mama hat gesagt: Das kann man so machen…«

»Das stimmt aber nicht!«, meinte die Lehrerin streng.

Ich fühlte mich von meiner Mutter total veräppelt. Von nun an wollte ich nie wieder zu ihr gehen und sie etwas fragen, wenn es um schulische Dinge ging… Gott sei Dank: Das war auch niemals notwendig!

Die Schuljahre vergingen.

Ich war zwar bei den Lehrern sehr beliebt, aber leider nicht bei allen meinen Klassenkameraden. Sarah, Silke, Katja und Heike waren typische Mädchen. Sie trugen Röcke, hatten geflochtenes langes Haar und schmückten ihre Köpfe mit glitzernden Spangen. Kurz gesagt: Sie waren also ganz anders als ich. Meine Sachen sahen aus wie die Kleidung der Jungs. Sie waren mir meistens nicht nur viel zu groß, sondern auch häufig schmutzig. Das lag aber nicht daran, dass ich mich so wohl fühlte. Nein, ich hatte einfach keine andere Wahl. Ich musste die abgetragenen Sachen meines Bruders anziehen, die nur einmal in der Woche gewechselt wurden. Zudem durfte ich nie zu einem richtigen Friseur gehen. Talentfrei schnitt meine Mutter die Haare und fabrizierte mir eine sonderbare Frisur. Kurz und praktisch sollte es sein. Für mich war das aber alles andere als schön. Ich wurde deshalb von meinen Mitschülerinnen gehänselt.

Dafür glänzte ich mit meinen Zensuren. Ich brachte nur Einsen und Zweien mit nach Hause und war häufig Klassenbeste. Die Rechnung des Direktors beim Vorstellungsgespräch ging somit niemals auf. Spätestens am Ende der vierten Klasse schätzte nun auch er mein Potenzial. Denn wie fast alle Schüler sollte ich zu Beginn des neuen Schuljahres an dem Fach Russisch teilnehmen. Aber wieder einmal gab es eine Auseinandersetzung mit meinen Eltern. Meine Mutter und mein Vater waren dagegen. Ihre Begründung lautete wieder einmal: »Jana kann man auf Deutsch schon nicht ordentlich verstehen. Sie ist zu behindert.«

Der Schulleiter setzte allerdings dagegen: »Russisch ist aber ein Hauptfach. Ihre Tochter erbringt alle Voraussetzungen zum Erlernen der Sprache. Auch in Deutsch zeigt sie konstant gute bis sehr gute Leistungen. Wir müssen es einfach wagen.«

Wieder einmal mussten meine Eltern nachgeben und wurden eines Besseren belehrt. Denn auch in Russisch war ich nicht am Ende mit dem Latein.

Zunehmend litt ich darunter, dass Achtung, Liebe und Vertrauen für meine Eltern Fremdwörter zu sein schienen. »Was haben sie bloß gegen mich?«, fragte ich mich traurig. »Warum wollen sie mich gar nicht richtig kennenlernen?« Ich fühlte mich wie ein Blatt im Wind – hin- und hergerissen –, abgestoßen von einem Baum, dessen Namen und Standpunkt ich überhaupt nicht kannte und der mir weder Halt noch Wurzeln bieten wollte.

Eins stand jedenfalls fest: Auch wenn ich mich mittlerweile in der Schule über viele Dinge schlau machte, wurde ich aus meinen eigenen Eltern nicht klug!

(NICHT) IM BILDE SEIN

IM APRIL 1986 – ALS ICH in die siebte Klasse ging –, wurde ich schnurstracks von der Körperbehinderten-Schule in die Schule des Lebens geschickt. Plötzlich und unerwartet war nämlich unser Klassenkamerad Frank gestorben! Der Direktor hatte meinen Mitschülern und mir das eines Morgens mitgeteilt.

Frank litt an Muskelschwund. Das Stadium war schon sehr weit fortgeschritten. Er saß seit drei Jahren im Rollstuhl, konnte sich mittlerweile nicht einmal mehr allein aufrecht hinsetzen oder seine Arme anheben. Und nun hatte er sich zu allem Unglück auch noch erkältet.

Durch starken Husten und eine Lungenentzündung war er über Nacht ganz qualvoll erstickt.

Tagelang stand ich unter Schock. In mir tobte ein furchtbarer Kampf. »Mit 12 stirbt man doch noch nicht... Außerdem: So eine Grippe, die bringt doch niemanden gleich um. Das kann doch gar nicht stimmen!«, sagte mein Herz. Aber mein Verstand erinnerte mich: »Nun komm schon, Jana, du gehst schließlich auf eine Körperbehinderten-Schule... Da sind alle Kinder krank! Ein Todesfall kann da schon mal vorkommen...«

ഗ ര

Nach einer Woche wurde Frank im engsten Familienkreis beigesetzt. Damit sank auch meine Hoffnung mit ihm ins Grab, dass alles wieder so werden würde wie bisher...

Unwillkürlich fing ich jetzt an, mir Gedanken über mein eigenes Leben zu machen. »Werde ich auch bald im Rollstuhl sitzen, meine Hände nicht mehr benutzen können oder sogar an einer Lungenentzündung sterben – wie Frank?«, fragte ich mich ängstlich. »Und – was ist eigentlich mit ihm? Schaut er jetzt vom Himmel herunter? Gibt es ein Leben nach dem Tod? Wenn ja: Wie sieht das dann aus?«

Einmal wollte unser Klassenleiter uns damit trösten, dass das Sterben für Frank eine Erlösung gewesen sei. Schließlich waren seine Einschränkungen schon viel zu groß und die Kräfte viel zu klein. Ich bezweifelte das jedoch, weil ich davon ausging, dass mein ehemaliger Banknachbar prinzipiell am Leben hing. Außerdem betrachtete ich den Tod nicht als einen Erlöser, sondern als einen grausamen Feind, der alles zerstörte und am Ende stets siegte.

Mittlerweile wünschte ich mir, dass es einen Erlöser gäbe, der für ein Leben sorgen könnte, das unendlich war … Schließlich liebte ich meins viel zu sehr – trotz der Behinderung. Und deshalb war es mir jetzt wichtig, alles über sie zu erfahren …

Bislang wusste ich nur, dass Nervenzellen in meinem Gehirn abgestorben waren und dass ich mich dadurch nicht so kontrolliert bewegen konnte wie andere. Um detailliertere Informationen über meine Behinderung zu sammeln, lieh ich mir aus der Schulbibliothek Fachbücher aus. Und nachdem ich diese eingehend studiert hatte, kam ich zu den folgenden Erkenntnissen: Spastische Tetraparesen entstehen durch frühkindliche Hirnschädigungen. Das bedeutet: Häufig kommt es während der Geburt zu Komplikationen, sodass das Baby unter Sauerstoffmangel leidet. In den ersten Lebensmonaten ziehen sich manch andere Kleinkinder wiederum auch eine schwere Infektionskrankheit zu, die vor allem das Gehirn oder die Hirnhäute beeinträchtigen. Auch heftige Schläge oder Stürze können eine Ursache sein …

Ich kombinierte demzufolge: »In meinem Kopf sind Nervenzellen zerstört, die für das Bewegungszentrum meiner Arme und Beine zuständig sind.« Aus den Büchern hatte ich auch erfahren, dass ich für alles, was ich tue, das 30-fache an Kraft benötige als ein gesunder Mensch. Das Erschreckende ist, dass ich mehr als die Hälfte davon wieder vergeude, weil ich mich nur sehr unwillkürlich bewegen kann. Dazu kommt noch, dass sich meine Muskeln andauernd verkrampfen. Durch bestimmte Medikamente und regelmäßige physiotherapeutische Behandlungen lassen sich zwar nicht nur die Muskeln immer wieder lockern, sondern auch die Gelenke beweglich halten, aber leider ist diese Art von Behinderung unheilbar ...

Das Wissen, nicht todkrank zu sein, half mir, mich dem Leben mit allen Herausforderungen zu stellen, auch wenn ich nun wusste, dass ich das – früher oder später – nicht mehr im Stehen konnte!

ॐ   ॐ

Inzwischen interessierte ich mich brennend dafür, wie diese Behinderung bei mir zustande gekommen war. Daher setzte ich mich an einem heißen Sommertag zu meiner Mutter auf die Hollywoodschaukel im Garten und fragte sie unverblümt: »Du, sag' mal, wodurch bin ich eigentlich behindert?«

Bereitwillig begann sie mir Folgendes zu erzählen: »Es gibt so eine Formel, mit der man den genauen Geburtstermin des Kindes berechnen kann. Dein Vater und ich wussten ganz sicher, dass deiner Mitte November war. Doch mein Frauenarzt war anderer Meinung. Er ist schuld an deiner Behinderung!«, erklärte sie mit fester Stimme.

»Gab es in der Schwangerschaft denn Probleme?«, fragte ich.

»Nein, alles lief normal!«, meinte sie. »Aber wir stritten immer und immer wieder mit dem Arzt über deinen Geburtstermin. Er behauptete, dass du älter bist, als wir dachten. Im Oktober machte er ohne mein Einverständnis eine Fruchtwasserspiegelung. Hinterher gab er mir – ohne dass ich mich dagegen wehren konnte – einfach eine Wehenspritze, sodass die Geburt eingeleitet wurde. Dabei ging dann einiges schief. Du musstest mit einer Saugglocke geholt werden. Und die drückte deinen Kopf so doll, dass etwas kaputt gegangen ist ...«

»Also hat der Arzt Fehler gemacht?«, fragte ich hartnäckig nach.

Meine Mutter nickte nur, ohne mich dabei anzusehen.

»Habt ihr den denn dann verklagt?«, wollte ich noch neugierig wissen.

Diese Frage war meiner Mutter sichtbar unangenehm. Denn mit einem Mal stand sie hastig auf. Bevor sie mit einer Hacke das Unkraut bearbeitete, sagte sie nur noch: »Das hätte doch auch nichts geändert!«

Obwohl es das erste und einzige intensivere Gespräch war, das wir beide jemals führten, zweifelte ich an dem, was meine Mutter gesagt hatte. Denn aus so manchem Fachbuch hatte ich bereits erfahren, dass eine Fruchtwasserspiegelung lediglich in den ersten Schwangerschaftswochen vorgenommen wird – in der Regel, um auszuschließen, dass der Embryo ernsthaft erkrankt ist. Solch ein Verdacht bestand ja – laut der Aussage meiner Mutter – gar nicht bei mir. Außerdem konnte ich mir schon damals nicht vorstellen, dass ein Arzt seiner Patientin etwas gegen ihren Willen injizierte, damit er recht behielt. »Irgendetwas stimmt da nicht!«, vermutete ich. Leider wusste ich ja bereits, dass meine Mutter es mit der Wahrheit nicht ganz so genau nahm. Oft genug hatte ich das schon zu spüren bekommen. »Aber aus welchem Grund belügt sie mich jetzt?«, dachte ich skeptisch. »Was hat sie zu verbergen? Gibt es etwas, das sie vertuschen muss?«

Hätte ich seinerzeit auch nur angedeutet, dass ich diese Geschichte infrage stellte, wäre mir das sicherlich schlecht bekommen. Mit einer Strafe oder lauten, verletzenden, herabwürdigenden Worten hätte ich zumindest rechnen müssen. Also hatte ich einen anderen Plan: Ich wollte – wenn ich allein zu Hause war – zunächst einmal sämtliche Fotoalben meiner Eltern durchsuchen, was ich dann auch tat. Dabei entdeckte ich aber bloß Aufnahmen meines Bruders – und das in jeder Lebenslage.

Es versteht sich wohl von selbst, dass ich für mich behielt, was ich gerade entdeckt hatte. Ich hoffte jedoch so sehr, dass ich mich irrte und nur das Fotoalbum mit meinen Bildern übersehen hatte. Ganz ahnungslos sprach ich meine Mutter wenig später deshalb an und erklärte ihr: »Du, ich weiß gar nicht, wie ich als Baby ausgesehen habe. Kannst du mir mal ein Bild zeigen?«

Zu meinem Erstaunen ging meine Mutter wortlos an ihren Nachttisch in der elterlichen Schlafstube. Sie kniete sich vor der untersten Schublade hin, kramte einen Augenblick darin herum und reichte mir dann ein Foto, ohne sich dabei umzudrehen. »Hier, dies kannst du haben. Das bist du!«

Ich war nicht nur überrascht, dass meine Mutter ein Babybild von mir besaß, sondern auch erfreut, dass ich meinen Eltern – wie zunächst angenommen – anscheinend doch nicht gleichgültig war.

Als ich das Schwarz-Weiß-Foto betrachtete, entdeckte ich nichts Ungewöhnliches. Etwa drei Monate war ich alt. Ich lag seitlich auf einer kuschligen Decke, hatte eine selbst gestrickte Bommelmütze auf, die mir viel zu groß war. Sie hing mir nämlich so tief im Gesicht, dass meine Augen kaum zu sehen waren…

Voller Stolz rahmte ich das Bild ein und stellte es in meine Schrankwand, damit ich es immerzu sehen konnte.

Je öfter ich das Foto allerdings in Augenschein nahm, desto weniger verstand ich, warum sich meine Eltern von Anfang an so abweisend mir gegenüber verhielten. »Ich war doch damals so süß!«, stellte ich fest. »Hat es wirklich etwas mit dieser Behinderung zu tun, die angeblich bei meiner Geburt entstanden sein soll?«, fragte ich mich traurig.

Ich versuchte zu ergründen, warum meine Eltern von mir und der Welt so enttäuscht waren. »Sie geben mir bestimmt die Schuld daran, dass sie nicht sorglos und unbeschwert leben können…«, schlussfolgerte ich. »Aber eigentlich kann ich ja überhaupt nichts dafür.«

Wenige Tage später kam nicht nur die Ernüchterung, sondern auch die Mutter meines Vaters, die darauf bestand, dass ich sie Omi nannte. Die etwas korpulente Quasselstrippe wohnte nur einige Straßen von uns entfernt.

An jenem Tag saß die Omi auf meiner Couch und erzählte mir einen Schlag aus ihrer Jugend, der mich nicht sonderlich umhaute. Doch dann fiel ihr Blick mit einem Mal auf das Foto. »Was macht denn dein Bruder auf dem Schränkchen?«, wollte sie wissen.

Ungläubig schaute ich sie an. »Soll ich dir die Brille holen?«, foppte ich die alte Dame. »Man erkennt doch gut, dass ich das bin!«

»Nee, mein Kind, diese hellblaue Jacke und die Mütze habe ich nur für Dirk gestrickt. Als du geboren wurdest, gab es die Sachen gar nicht mehr. Die hatten wir längst an Bekannte weiterverschenkt…«, erklärte sie mir mit fester Stimme. Meine

Oma stand auf und holte den Bilderrahmen. Sie zeigte auf das Babygesicht und fragte mich nachdrücklich »Nun guck' mal genau hin: Hast du etwa schwarze Augen …?« Dabei beugte sie sich zu mir herunter.

»… aber Mutti hat doch gesagt, dass ich das bin!«, meinte ich verwirrt.

»Na, dann hat sie sich wohl getäuscht …«

Nachdem wir wieder alleine waren, konfrontierte ich meine Mutter natürlich sofort mit dieser Aussage. »Sag mal: Omi hat behauptet, dass das Dirk auf dem Foto ist. Stimmt das? Bin ich das etwa gar nicht?«, fragte ich sie vorsichtig. Währenddessen hielt ich ihr den Bilderrahmen unter die Nase.

Sie zuckte nur mit den Schultern und tat richtig unschuldig. »Ja, na und …«, erwiderte sie nur.

»Aber – warum machst du so etwas?«, fragte ich sie entsetzt. »Warum lügst du mich an?«

»… is' doch egal, wer da drauf ist!«, meinte sie ernsthaft.

»Egal …? Ich bin dir egal?«, gab ich wütend zurück.

»Wie redest du denn mit mir? Mäßige deinen Ton, mein Fräulein!«, entgegnete meine Mutter aufgebracht. Und dann gab sie endlich zu: »Von dir gibt es eben kein Babybild! Beim zweiten Kind macht man nicht mehr so 'nen Tamtam! Und – außerdem: Bei dir hat sich das Fotografieren überhaupt nicht gelohnt … Du hast als Baby total hässlich ausgesehen – ganz faltig und schrumpelig.«

Ich war fassungslos und rannte – so schnell ich konnte – in mein Zimmer. Ich kochte vor Wut. Nun konnte ich überhaupt nicht mehr verstehen, dass mir meine eigenen Eltern andauernd Märchen erzählten. »Es muss ihnen doch klar sein, dass die Wahrheit irgendwann ans Licht kommt und dass ich nicht so dumm bin, wie ich – ihrer Meinung nach – aussehe!«, dachte ich.

Um herauszufinden, was wirklich passiert war, spielte ich von nun an Detektivin. Unauffällig durchsuchte ich in der ganzen Wohnung Dokumente und Ordner, um Indizien für das merkwürdige Verhalten zu finden. Doch egal, wo ich auch herumschnüffelte: Es gab einfach keine Spur …

Ein paar Tage später kramte ich in der Schublade im elterlichen Schlafzimmer, aus der meine Mutter das Foto genommen hatte. Ich suchte nach anderen Bildern von mir und fand eins, auf dem ich wirklich zu sehen war. Meine hellen Haare und Augen ließen keinen Zweifel zu. Ich musste darauf ungefähr zwei Jahre alt gewesen sein. Nichts täuschte hier darüber hinweg, dass ich bereits behindert war. Eine Hand hielt mich im Hintergrund fest, damit ich – beim Fotografen – einigermaßen gerade sitzen konnte. Es schien mir sogar schwerzufallen. Auf dem Schwarz-Weiß-Foto wirkte ich auch nicht besonders glücklich. Wer weiß, warum …

Ich wusste nur, dass ich meinen Eltern nicht mehr vertrauen konnte. Wenn sie mir schon ein Foto meines eigenen Bruders unterjubelten, auf dem angeblich ich zu sehen war, dann

Hier rechnete ich wohl nicht mehr damit, allein sitzen zu können.

wollte ich ihnen die Version von der Ursache meiner Behinderung auch nicht mehr glauben. Ich hatte zwar ein Bild von ihnen bekommen. Aber so langsam machte ich mir mein eigenes Bild: Da musste etwas Schlimmes passiert sein!

DAS BERÜCHTIGTE OKTOBERFEST

ES WAR OKTOBER GEWORDEN, DEN ich regelrecht hasste. Das lag keineswegs daran, dass – so goldig, wie er auch oft war – der Herbst deutlich Farbe bekannte und dass sich die Natur in einigen Wochen vielleicht schon schneeweiß verfärben konnte. Nein, meine Eltern wurden in jenem Monat wieder ein Jahr älter. Mein Vater war lediglich zwei Tage jünger als meine Mutter. Beide wurden in diesem Jahr 38.

Meine Eltern begingen ihre Ehrentage stets zusammen. Weil sie keine Freunde hatten und auch mit der Verwandtschaft nicht gesellig zusammensitzen wollten, zogen sie sich am Nachmittag traditionell chic an, fuhren an den nicht weit entfernten Nordstrand in Leipzig. Wenn es das Wetter zuließ, genossen sie den frühen Sonnenuntergang bei einem fürstlichen Picknick. Und anschließend begaben sie sich in ein edles Lokal direkt am Königsplatz, wo sie sich ausgelassen feierten ...

Auf meinem Geburtstag lag immer ein dunkles Geheimnis: Doch auch ich erblickte im Oktober das Licht der Welt – eigentlich! In allen Dokumenten und Ausweisen stand, dass ich am 28. Oktober 1972 geboren wurde. Aber immer wenn sich dieser Tag im Jahr näherte, sagten meine Eltern zu mir: »Wir feiern nicht! Du hast gar nicht an dem Tag Geburtstag.«

Auch diesmal machten sie mir das deutlich ...

»Das behauptet ihr jedes Jahr! Wann habe ich denn dann Geburtstag?«, erwiderte ich jetzt zum ersten Mal richtig gereizt. Als Familie saßen wir gerade am Tisch in der Küche, um gemeinsam Mittag zu essen. »Mutti, du musst es doch am besten wissen ... An welchem Tag bin ich denn nun geboren?«, fragte ich ruhig nach. Dabei musste ich mich zusammenreißen, um vor Wut nicht laut zu werden.

»Woher soll ich das noch wissen: Das ist schon so lange her!«, meinte sie scheinbar ahnungslos. Dann stand sie auf, nahm hastig das schmutzige Geschirr, um es abzuwaschen.

»So ein Quatsch ... Jede Mutter weiß doch, wann sie ihr Kind zur Welt gebracht hat! Warum tust du so, als ob das egal ist ...?!«, rief ich völlig aufgebracht.

Plötzlich schrie mein Vater. »Mein liebes Fräulein, lass' deine Mutter endlich in Ruhe! Gnade dir Gott – wenn du mit diesem blöden Thema noch mal anfängst ... Wenn wir sagen, du hast keinen Geburtstag, dann hast du auch keinen Geburtstag!«

Seltsamerweise gab es an jedem 28. Oktober trotzdem eine Überraschung ... In diesem Jahr schickte mein Großvater aus dem »Goldenen Westen« mir wie immer ein Paket. Er war der geschiedene Mann von meiner Omi, der zusammen mit seiner zweiten Frau in West-Berlin lebte. Durch das geteilte Deutschland hatten wir kaum Kontakt – zumal mein Vater mir stets verbot, mich schriftlich bei ihnen für die Geschenke zu bedanken ...

In diesem Jahr durfte ich eine rote Cordhose und eine rot-weiß-gestreifte Jacke auspacken. Ich war total begeistert: »Wow, so edle Teile habe ich ja noch nie besessen ...« Als ich diese daraufhin natürlich sofort anprobierte, stellte ich fest, dass sie mir noch nicht richtig passten. Aber das störte mich keineswegs. Im Gegenteil: Da ich inzwischen ausschließlich die abgetragenen Kleidungsstücke meiner Mutter anziehen musste, die mir mindestens drei Nummern zu groß waren, freute ich mich schon sehr darauf, mich am folgenden Tag in der Schule damit zu zeigen. Doch meine Mutter war strikt dagegen. Sie argu-

mentierte: »Wir legen die Sachen solange weg, bis du hinein-
gewachsen bist.«

Eines Tages fand ich allerdings die Sachen nicht mehr,
obwohl ich sie überall suchte. Nichtsahnend fragte ich meine
Mutter: »Sag' mal, wo hast du meine Geschenke von Opa hin-
gelegt? So langsam könnten mir die Hose und die Jacke doch
passen!«

»Ach, die hab' ich neulich mit ein paar anderen Klamotten
zum An- und Verkauf gebracht und Vati von dem Geld ein
gutes Hemd besorgt!«, antwortete sie sehr bestimmt.

»Du bist so ungerecht! Das waren meine Sachen… Du
hättest mich fragen müssen, ob du das darfst!«, schimpfte ich
wütend.

»Ich muss gar nichts…«, stritt sie entschieden ab. »Und –
wenn du mal ehrlich bist: Die Sachen haben sowieso nicht zu
dir gepasst; die waren viel zu gut für dich…«

Meinen Eltern war es scheinbar Jacke wie Hose, was ich fühlte
und dachte… Ich hatte ihre ständigen Demütigungen, Lügen
und Intrigen satt. »Warum benehmen sie sich so komisch? Sie
verraten mir die normalsten Dinge der Welt nicht und betonen
ständig das, was man seinem eigenen Kind doch eigentlich nie
sagen würde, wenn man es lieb hätte!«, überlegte ich immer
wieder. »Vielleicht sind sie ja selbst krank – psychisch krank!«

Immer tiefer geriet ich in eine Identitätskrise. »Wer bin ich
überhaupt? Wo komme ich her?«, fragte ich mich ernsthaft.
»Bin ich einfach vom Himmel gefallen und auf der Erde zu hart
aufgekommen, sodass ich auf den Kopf gefallen bin und diese
spastische Lähmung habe?« Manchmal musste ich mich regel-

recht selbst zwicken, um zu spüren, dass ich wahrhaftig exis-
tierte. Nirgendwo konnte ich mir Luft machen. Ich war völlig
durch den Wind – in den Herbststürmen, die mir so kräftig ins
Gesicht bliesen ...

KREUZLAHM

IN DER ACHTEN KLASSE ERLEBTE ich eine Achterbahn der Gefühle. Denn Tobias fehlte einige Wochen im Unterricht. Unsere Lehrer informierten uns darüber, dass er im Krankenhaus lag, weil sich sein Gesundheitszustand drastisch verschlechtert hatte.

Ich bekam Angst. Denn Tobias litt an Muskelschwund – genau wie Frank. »O nein, er nicht auch noch…«, dachte ich erschrocken. »Verliere ich nun schon wieder einen Klassenkameraden?«

Glücklicherweise waren wir – als Klasse – nach zwei Monaten wieder komplett. Ich freute mich über Tobias' Rückkehr. Aber mir fiel sofort auf, dass sich seine körperliche Verfassung gar nicht sichtlich verändert hatte. Dafür verhielt er sich jedoch ganz anders als vorher. Er war nicht mehr der Klassenkasper, der andauernd Theater spielte, um im Mittelpunkt zu stehen und Applaus zu ernten. Vielmehr war er ruhig geworden.

Eines schönen Tages hatten wir zwei Freistunden. Die Mädchen gingen zu ihren Freundinnen in die Internatszimmer. Und als sich auch ein Großteil der Jungs auf den Weg in den Aufenthaltsraum machte, um Karten zu spielen, ergriff ich die Gelegenheit beim Schopfe. Ich fragte meinen Klassenkameraden ganz vorsichtig: »Tobias, sag mal ehrlich: Wo warst du in der Zwischenzeit wirklich, doch nicht ernsthaft im Krankenhaus, oder?«

Tobias vertraute mir an, dass er in der Psychiatrie gewesen war, weil er einen Selbstmordversuch unternommen hatte.

Ich bekam Gänsehaut. »Aber – warum denn?«

»Weißt du, ich hab' ja die gleiche Krankheit wie Frank und konnte nicht mehr damit leben, dass ich auch so grausam sterben muss wie er. Ich wollte mein Leiden ein bisschen verkürzen. Ich wusste nicht, wie ich mit Franks Tod umgehen sollte.«

»Und nun weißt du es?«, wollte ich wissen.

»In der Klinik hab' ich erst mal erfahren, dass ich eine andere Art von Muskelschwund habe als Frank – und an der muss ich nicht unbedingt sterben. Das hat mich total erleichtert!« Nach einer kurzen Pause fügte er hinzu: »Ich werde zwar bald nicht mehr laufen können, aber ich habe wenigstens eine Zukunft.«

»Das ist gut!«, erwiderte ich. »Ich habe auch erst mal Bücher gewälzt, um herauszufinden, was mit mir los ist, und ich bin so froh, dass auch ich nicht daran sterben muss.« Nachdenklich ergänzte ich: »Du wirkst auf mich jetzt viel gelassener als sonst.«

Seine grünen Augen begannen zu strahlen. »In der Klinik habe ich Tina – na ja, eigentlich heißt sie Christina – kennen gelernt. Sie kam fast jeden Tag, um ihren kranken Bruder zu besuchen, der mit mir im Zimmer lag.« Tobias setzte fort: »Mit ihren seidigen, langen, blonden Haaren, ihrem Stupsnäschen und den Grübchen sieht sie aus wie ein richtiger Engel. Ich hab' mich total in sie verknallt – und das Tolle ist: sie sich auch in mich, obwohl sie gesund ist. Seit fünf Tagen sind wir zusammen.« Er fügte hinzu: »Tina kommt mich jeden Tag besuchen. Und es ist so interessant, sich mit ihr zu unterhalten. Sie erzählt mir auch von Gott.«

»… von Gott?«, sagte ich verblüfft. »Ist die Christ?«

Tobias nickte.

»Was erzählt sie dir denn da?«

»Na, dass Jesus aus lauter Liebe für meine Sünden am Kreuz gestorben ist.«

»Und was bringt dir das?«, erwiderte ich skeptisch.

»Tina hat mir erklärt, dass ich durch seinen Tod ewiges Leben bekommen kann, wenn ich an ihn glaube. Und genau das hat mir die Angst vor meiner Zukunft und dem Tod genommen. Seitdem kann ich viel beruhigter leben.«

»Aha, ich weiß ja nicht… Wenn er dich wirklich liebt und allmächtig ist, warum musst du, müssen wir dann so leiden?«

»Das weiß ich auch nicht«, guckte Tobias mich kopfschüttelnd an. »Aber ich merke, dass mich der Glaube nicht mehr loslässt.«

Ich schaute meinen Klassenkameraden voller Zweifel an. »Weißt du, was ich glaube?«, stellte ich fest, »… du bist einfach nur blind vor Liebe.«

Das Gespräch an jenem Tag schweißte Tobias und mich richtig zusammen. Unser Vertrauen zueinander wuchs. Von nun an nutzten wir alle Freistunden oder größere Pausen dazu, um über unsere Ängste, Fragen und Zweifel zu sprechen. Das tat uns unheimlich gut – vor allem aber mir. Zum ersten Mal erzählte ich jemandem auch von meinen Eltern, die sich mir gegenüber so unfair und komisch verhielten. Da seine Mutter, die von ihrem Mann getrennt lebte, Tobias wie selbstverständlich in allem unterstützte, war er schockiert, was ich noch zusätzlich zu meiner Behinderung durchmachen musste. Wenn die Mädels in der Klasse nun herablassende Bemerkungen über mein Aussehen machten, nahm Tobias mich in Schutz. Daraufhin reagierten sie mit doofen Sprüchen wie: »Stehst du etwa auf die?« Aber Tobias stand darüber…

Tina kam von nun an auch häufiger in die Schule, um mit Tobias zusammen zu sein. Aber beide hatten nicht nur Augen für sich, sondern sahen auch ihre Nächsten. Vor allem mein Wohlergehen hatten sie im Blick. Sie nahmen Anteil an meinem

Leben. Für beide hatte es Bedeutung, was ich sagte und dachte. Das war ein ganz neues Gefühl von Aufmerksamkeit für mich. Darum konnte ich allmählich immer besser verstehen, warum sie sich ineinander verliebt hatten. Irgendwie waren Tina und Tobias ein tolles Pärchen.

Einmal fragte ich Tina: »Warum glaubst du eigentlich an Gott?«

»Weil er mich so annimmt und liebt, wie ich bin, weil er mir Kraft und Hoffnung gibt und weil ich ihm vertrauen kann, dass er es gut mit mir meint…«, antwortete Tina.

»Aber mit mir scheint er es nicht besonders gut zu meinen, wenn er mir solche Eltern und diese Behinderung gibt«, argumentierte ich geknickt.

»Vielleicht traut er dir eine Menge zu!«

Ich guckte sie ungläubig an.

»Ja, vielleicht hat er einen ganz bestimmten Plan für dein Leben! Du bist etwas Besonderes für ihn!«, erklärte sie mir.

»Ich – etwas Besonderes?«, protestierte ich heftig. »Ja, für viele bin ich besonders dumm, besonders hässlich und besonders… im Weg!«

»…. aber nicht für Gott! Er liebt dich – egal, was Menschen über dich denken und sagen! Er sehnt sich nach dir; er interessiert sich für dich. Darauf hat er sich festnageln lassen!«, betonte Tina.

»… du meinst: am Kreuz! Wer's glaubt, wird selig!«

»Ja, das stimmt… das stimmt wirklich!«, beteuerte sie. »Wenn du es wagst, ihm zu vertrauen, wird er dir zeigen, was du ihm wert bist!«

»Ich kann nicht glauben… Wie kann er das denn zulassen?!«, wetterte ich, während ich auf meine Beine zeigte.

»Frag' ihn doch!«

»Wie soll ich denn das machen?«

»Rede mit ihm – so wie du es mit mir gerade tust!«, schlug Tina vor.

»Ach, wie soll ich denn mit jemandem reden, den ich überhaupt nicht sehen kann!«

»Du wirst sehen, wenn du glaubst!«

Tinas Worte ließen mich nicht mehr los. Noch immer verstand ich nicht, warum mich so ein schweres Los getroffen hatte, aber ich fragte mich jetzt immer öfter: »Warum bin ich auf dieser Welt?« »Wo komme ich her, und wo gehe ich hin?« Ganz langsam begann ich zu hoffen, dass es zwischen Himmel und Erde einen Ort gab, wo ich hingehörte. Ich sehnte mich nach einer richtigen Heimat – nach einem echten Zuhause, wo ich willkommen war, wo man mich liebte und wo mein Dasein von Bedeutung war. So gern hätte ich Tina Glauben geschenkt... Doch ich empfand, dass es ein Kreuz war mit diesem Gott!

FEIER-ABEND

JAHRELANG WAR ICH KLEINGEHALTEN WORDEN. Und dennoch wurde ich groß. Gegen Ende der achten Klasse – also im Mai 1987 – sollte das mit meiner Jugendweihe besiegelt werden.

Ich hatte gemischte Gefühle, wenn ich an das Ereignis dachte. Einerseits hoffte ich insgeheim, dass ich einigen Leuten ein paar Pfennige wert war, damit ich mir eine Freude machen konnte. Aber andererseits befürchtete ich, dass eine Feier für meine Eltern ein zu teurer Spaß war und deshalb genauso ausfiel – wie alle meine Geburtstage.

Ich war allerdings überrascht. Denn dieses Fest würdigten meine Eltern feste. Sie luden sogar die Verwandtschaft ein, die ich bislang überhaupt nicht kannte – die Eltern meiner Mutter sowie ihre beiden Geschwister mit ihren Partnern.

Am Tag vor der Feier nahm sich Onkel Holger – der große Bruder meiner Mutter – ein wenig Zeit für mich, was ich außergewöhnlich nett fand. Kein anderer Gast interessierte sich nämlich sonst für mich. »Na, wie fühlt man sich, wenn man fast erwachsen ist?«, wollte er von mir wissen, nachdem er mein Zimmer betreten hatte. »Bist du schon aufgeregt?«

»O ja, wenn ich an die offizielle Zeremonie denke, zittern mir die Knie!«, gab ich ehrlich zu. »Aber ich freue mich auch …«

»Ich wünsche dir jedenfalls, dass dieses Fest für dich etwas Besonderes wird. Du hast es verdient, denn du bist etwas Besonderes. Glaub' daran, junge Frau!«, meinte er herzlich, bevor er von meinem Sofa aufstand und sich wieder zu seinen Schwestern und ihren Männern in die Wohnstube begab.

Ich war verblüfft über so viel Wertschätzung meines Onkels und empfand sie aufrichtig, sodass ich durch sie aufgerichtet wurde!

Dann war es endlich soweit …

Als ich mich am frühen Morgen anzog, trauerte ich wieder der roten Cordhose und der dazugehörigen Jacke hinterher, die meine Mutter einfach verkauft hatte. »Wie gern hätte ich Opas und Omas Geburtstagsgeschenke heute getragen … Dann wären sie auch auf eine Art bei mir!«, dachte ich wehmütig. Stattdessen musste ich in der abgetragenen himbeerroten Thermohose meiner Mutter und einem altmodischen türkisfarbenen Pullover herumlaufen, den meine Omi besorgt hatte. Eigentlich wurde mir auch versprochen, dass ich mir für die Jugendweihe extra beim Friseur eine Dauerwelle machen lassen durfte. Aber kurz vor dem Fest änderte meine Mutter wieder einmal ihre Meinung. Nun hatte sie am Vorabend einfach nur meine langen Haare geflochten, damit sie über Nacht trockneten und am Tag – wenn sie die Zöpfe öffnete – gewellt waren. Den Pony drehte sie mir morgens mit ein paar Lockenwicklern ein. Die daraus entstandene Frisur passte vorne und hinten nicht zusammen. Doch das schien meiner Mutter egal zu sein.

Nach dem gemeinsamen Frühstück fuhr ich mit meinen Gästen zum Sportforum Leipzig. Dort sollte der feierliche Akt stattfinden.

Kurze Zeit später standen meine Klassenkameraden und ich ganz vorne in Reih und Glied. Neben den Jungs, die ausnahmslos in edlen Anzügen mit einer Krawatte oder Fliege gekleidet waren, fühlte ich mich wie ein kleiner »Wellen«-sittich, der mit einer hässlich bunten Zusammensetzung an Farben ausstaffiert war. Von den modernen und chic gekleideten jungen Damen neben mir ganz abgesehen... Unter den Blicken von über 200 Augen wäre ich am liebsten im Erdboden versunken. Ich schämte mich für mein Aussehen und war dementsprechend unruhig. Von dem Inhalt der Veranstaltung bekam ich daher kaum etwas mit.

Nach der Feierlichkeit ging ich zu meinen Verwandten und kassierte nicht nur einige Umarmungen, sondern auch Glückwünsche und Briefumschläge. Ich war überwältigt...

Zu meinem Erstaunen klingelte es an diesem Tag noch öfter an der Haustür. Ein paar Nachbarn und entfernte Bekannte würdigten meinen Ehrentag mit Blumen und Geldgeschenken. Ich war hin und weg von so viel Anerkennung.

An jenem Abend wälzte ich mich im Bett hin und her. Noch um 22.30 Uhr lag ich wach... Bevor ich nun endlich zur Ruhe kommen konnte, musste ich noch einmal auf die Toilette. Also stand ich auf und ging in Richtung Badezimmer. Als ich jedoch auf dem Flur war, hörte ich meine Verwandten in der Wohnstube reden. Der Lautstärke nach stritten sie sich.

Nachdem ich eine Weile gelauscht hatte, vernahm ich, dass Onkel Holger sagte: »Wir wollen aber...«

»Aber das tut doch nicht Not...«, argumentierte meine Mutter.

»Habt ihr dem Kind nicht schon genug angetan?«, sagte Onkel Holger aufgebracht. »Ich versteh' euch sowieso nicht... Ihr seid unmöglich! Was ihr damals gemacht habt, war doch echt keine Glanzleistung. Ihr habt Schuld auf euch geladen! Das wisst ihr hoffentlich...«

»Du tickst ja wohl nicht mehr ordentlich – Schuld«, reagierte mein Vater heftig. »Das Balg hat's nicht anders verdient!«

»Was seid ihr bloß für Menschen…«, meinte Tante Heidi fassungslos.

Daraufhin sprang mein Vater auf und tobte: »Ihr habt doch gar keine Ahnung, wie das ist, wenn man…« Nun hielt er inne. Anscheinend sah er mich durch die Scheibe in der Tür.

Ich schlich eilig ins Bad und wollte auf keinen Fall wahrgenommen oder angesprochen werden. Als ich einen Augenblick später wieder auf dem Weg in mein Zimmer war, hörte ich nichts mehr. Alles war still – verdächtig still. Aber jetzt wurde es in mir mächtig laut.

Das, was ich gerade aufgeschnappt hatte, ließ mich hellwach werden. In dieser Nacht konnte ich kein Auge mehr schließen… Ununterbrochen ging mir durch den Kopf: »Wer war gemeint mit dem Kind, diesem Balg? Und was ist das für eine Schuld, von der Onkel Holger gesprochen hat?«

Ich zog meine Decke über den Kopf. Ich war völlig bestürzt, total aufgewühlt. Meine ohnehin hei(k)le Welt brach mit einem Mal ganz und gar in sich zusammen. »Was ist denn da faul? Meinen die etwa mich? Was soll das alles heißen? Und wieso wissen meine Tante und mein Onkel davon? Alle wissen es – außer ich?« Ich ahnte ja schon lange, dass meine Eltern mir irgendetwas verheimlichten. Nun wusste ich, dass mein Gefühl mich nicht getäuscht hatte. Doch worum es genau ging, blieb mir verborgen. Und ich wusste nicht einmal, ob ich die Wahrheit wirklich wissen wollte.

So vielversprechend, wie dieser Tag begonnen hatte, so unsagbar traurig endete er für mich. Ich konnte einfach nicht verstehen, warum Menschen anderen Menschen etwas Schlimmes antun konnten. Und da – plötzlich ging mir in der Dunkelheit der Nacht ein Licht auf. Zum ersten Mal seit langem dachte ich an meinen Bruder. »Wieso sind Dirk und Dagmar eigentlich nicht zu meiner Jugendweihe gekommen?«, dachte ich verdutzt. »Hat Papa mit diesem ›Balg‹ womöglich ihn und nicht mich gemeint?«

Seit über drei Jahren hatte ich meinen großen Bruder schon nicht mehr gesehen. Meine Eltern hatten ihn seinerzeit vor die Tür gesetzt, weil er – in ihren Augen – nur noch aus dem Rahmen fiel. War das eventuell diese ominöse Schuld?

❧   ❧

»Junge, Junge – was dieser Junge durchmachen musste, war nicht von schlechten Eltern…«, erinnerte ich mich.

Eigentlich hatten wir vom Optischen und vom Wesen gar keine Ähnlichkeiten. Während ich eher zurückhaltend, schüchtern und ängstlich war, sagte Dirk stets, was er dachte. Ich beobachtete unsere Eltern nur, und er kritisierte sie oft, was ihnen natürlich missfiel.

Dirk testete oft seine Grenzen aus…

Eines schönen Nachmittags wusste er, dass unsere Eltern wieder einmal im Garten waren. Darum nutzte er die Gelegenheit und brachte seine erste Freundin mit Namen Dagmar mit nach Hause. Sie verschwanden zusammen in seinem Zimmer und unterhielten sich über ihre Hobbys.

Irgendwann waren unsere Eltern heimgekehrt und hatten in Dirks Zimmer hineingeschaut. Sie waren empört, dass sich eine fremde Person in unserer Wohnung befand. Daraufhin flogen an diesem Tag die Fetzen. Denn kurze Zeit später kamen unsere Eltern wieder herein, um Dirk mit eindringlicher Stimme zu erklären: »Jetzt packst du dir deine komische Tussi und verschwindest mit ihr! Und – wage es ja nicht, uns mit der noch einmal unter die Augen zu treten. Sonst fliegst du gleich mit 'raus ... für immer!« Somit hatten die beiden gar keine andere Wahl, als sich zu fügen.

Im Laufe der Zeit kamen meine Eltern zu der Erkenntnis, dass durch einen Umzug etliche Probleme aus der Welt geschafft werden konnten. So tauschten sie die Vier-Raum-Wohnung im sechsten Geschoss gegen eine Drei-Zimmer-Wohnung in der dritten Etage. Allen Leuten erzählten sie, dass sie das mir zuliebe taten. »Dann hat Jana es in Zukunft ein bisschen leichter«, argumentierten sie.

Seltsamerweise merkte ich davon allerdings nicht viel. Denn wir hatten – nach wie vor – eine sogenannte Außenwohnung. Das bedeutete, dass der Fahrstuhl nicht unbedingt dort hielt, wo es angebracht war, was mit dem alten DDR-Baustil zu tun hatte. Vorher mussten wir immer zur siebten Etage fahren, einen ganz langen Flur durchqueren und schließlich noch zwei Treppen hinuntersteigen. Das war vielleicht umständlich ... vor allem für mich!

Doch mit dem Tapetenwechsel änderte sich daran nichts, außer dass sich die Prozedur jetzt drei Stockwerke tiefer abspielte. Der einzige Vorteil war der, dass ich nicht mehr ganz so viele Treppen steigen musste, wenn der Aufzug kaputt war. Und das kam öfter vor.

Weil unsere Eltern durch den aufwändigen Wohnungstausch ja einen Raum einbüßen mussten, bestanden sie darauf, dass ihnen als Ersatz eine Art Besucherzimmer zur Verfügung gestellt wurde. Aber sie nutzten es natürlich nicht für irgendwelche Gäste, sondern vielmehr als Abstellkammer. Man könnte auch sagen, dass es ein »Verlies« in der siebten Etage eines anderen Seitenflügels war. Denn da hinein wurde mein armer Bruder abgestellt und regelrecht verlassen.

In dieser Abstellkammer gab es neben einer Heizung zum Glück auch einen Stromanschluss und ein kleines Waschbecken mit fließendem Wasser. Dadurch konnte er wenigstens für die Körperpflege und seine Mahlzeiten sorgen. Trotzdem gab es ein riesengroßes Problem, das ihn weiterhin von unseren Eltern abhängig machte: Dieser Ort hatte kein Örtchen.

Mit einem Haustürschlüssel gelangte Dirk zwar noch in unsere Wohnung, aber da alle anderen Räume einen separaten Eingang vom Flur aus hatten, kamen unsere Eltern auf die Idee, in die drei Zimmertüren Schlösser einzubauen. Damit wollten sie Dirk buchstäblich ausschließen, wenn er in ihrer Abwesenheit auf die Toilette musste. Mir erzählten sie unterdessen: »Man weiß ja nie! Heutzutage läuft so viel Gesindel durch die Gegend – davor muss man sich einfach schützen!«

Dirk hatte Glück, dass Dagmars Familie ihn bald danach bei sich mit offenen Armen aufnahm. Dadurch konnte er sich notdürftig von unseren Eltern befreien. Erst zwei Jahre später nahm er seinen Mut zusammen, uns wieder einmal zu besuchen. Er wollte uns zu seiner Hochzeit mit Dagmar einladen und damit einen Neuanfang mit seinen Eltern wagen.

Ich konnte dieses Szenario nie wirklich vergessen: Dirk saß im Wohnzimmer, als unser Vater tobte: »Niemals werden wir dir verzeihen, was du uns angetan hast! Glaube ja nicht, dass du uns mit deiner Einladung besänftigen kannst!« Von nun an ignorierten sie seine Existenz völlig.

Ich war innerlich aufgewühlt – wie ein weites, tiefes Meer bei einem gewaltigen Orkan. Die Wellen der Empörung, der Unsicherheit und Niedergeschlagenheit schlugen in mir hoch. Und ich hatte keine Ahnung, wie sich die Wogen jemals wieder glätten sollten …

Als stilles Wasser tat ich am folgenden Tag so, als ob alles in Ordnung war. Ich sagte nur noch einmal zu meinen Verwandten, dass die Jugendweihe ein eindrucksvolles Erlebnis für mich gewesen sei, das ich niemals vergessen würde. Das meinte ich ehrlich. Aber ich dachte dabei nicht nur an die öffentliche Feier oder die Aufmerksamkeiten, sondern auch an die Worte, die mir am späten Abend zu Ohren gekommen waren …

Nachdem sich die Verwandten wenige Tage später wieder auf den Heimweg begeben hatten, war zu Hause wieder alles beim Alten. Auch meine Eltern waren immer noch die Alten. Denn sie nahmen mir sowohl den Radio-Kassettenrekorder, den mir Onkel Holger und seine Frau geschenkt hatten, als auch den Fernseher von meinen Großeltern weg und stellten die Gerätschaften einfach in die Gartenlaube.

Ich fühlte mich hilflos und hintergangen. Jetzt kam mir der leise Verdacht, dass meine Eltern das Fest nur mit mir gefeiert hatten, damit sie selbst davon profitieren konnten. »Wie egoistisch und lieblos sie doch sind …!«, merkte ich zum wiederholten Male. Durch das Resultat dieser Feier und die geheimnisvolle Anmerkung am selben Abend hinter der Wohnzimmertür stand für mich fest, dass mit Vertrauen und Verständnis den Eltern gegenüber bei mir nun endgültig Feierabend war!

ALS ES LOSGING ...

OBWOHL ES FÜR MICH ZU Hause kein Spaziergang war, lief es in nächster Zeit einigermaßen. Auch in der Schule hielt ich immer noch Schritt. Aber dann kam ein Tag im November des Jahres 1987, an dem ich davon ausging, dass mein Leben gelaufen war...

Eines Morgens wachte ich mit fast unerträglichen Schmerzen in meinen Waden auf. Ich quälte mich aus dem Bett und versuchte, aufzustehen. Aber es gelang mir nicht.

Dann kroch ich – mit Müh und Not – zum Schlafzimmer meiner Eltern. »Mutti, mir geht's so schlecht!«, stöhnte ich.

Leider wurde ich überhaupt nicht ernst genommen. Meine Mutter unterstellte mir lediglich, dass ich mich vor dem Unterricht drücken wollte...

Ich musste also trotzdem zur Schule.

Glücklicherweise schätzten die Lehrer die Situation ganz anders ein. Sie brachten mich sofort zur Schulärztin, die feststellte, dass meine Muskeln total verkrampft waren. »Du musst unbedingt auf Medikamente eingestellt werden. Ich möchte dir Massagen und Lockerungsübungen bei unserer Physiotherapeutin verordnen. Und – einen Rollstuhl müssen wir über kurz oder lang auch für dich beantragen!«, sagte sie.

»Das geht aber nicht!«, protestierte ich.

»Ich kann verstehen, dass du keinen Rollstuhl haben willst!«

»Doch – ich will schon! Aber – ich bekomme deswegen zu Hause nur Stress!«

»Ach, mach' dir mal keine Sorgen!«, versuchte sie, mich zu beruhigen. »Ich werde deinen Eltern die Sache schon erklären!«

Noch am selben Tag kam die Ärztin zum Hausbesuch. Sie machte meinem Vater und meiner Mutter deutlich, dass ich von nun an mehr denn je Unterstützung und Zuwendung bräuchte. Mein Vater bezichtigte sie allerdings der Lüge und setzte die Ärztin mit lauten, beleidigenden Worten vor die Tür. Hinterher wurde ich ausgeschimpft. Meine Eltern sagten: »Dieser olle Krempel kommt uns nicht ins Haus!«

Ich war völlig deprimiert und hatte große Angst vor dem, was noch kommt. Auf der einen Seite dachte ich mir: »Für immer im Rollstuhl – kann man so überhaupt glücklich werden?« Und auf der anderen Seite beschäftigten mich Fragen wie: »Was ist denn, wenn meine Eltern wirklich ernst machen und ich den Rollstuhl nicht einmal benutzen darf? Soll ich dann irgendwann durch die Wohnung kriechen?«

Bereits am nächsten Morgen erwartete die Ärztin mich. »Hier hast du ein Medikament zur Lockerung deiner Muskeln, etwas Magnesium und Kalzium!«, sagte sie. Außerdem hatte sie mir eine Sportbefreiung ausgestellt. Von nun an wurde ich in der Zeit – wenn meine Mitschüler Sport hatten – physiotherapeutisch behandelt.

»Einen Rollstuhl habe ich auch schon für dich beantragt!«, informierte die Ärztin mich dann später noch.

Leider fand meine Mutter noch am selben Tag in meiner Schultasche die Kalzium- und Magnesiumtabletten. Beide Mittelchen nahm sie mir weg. Erst viel später merkte ich, dass meine Eltern diese Pillen selber schluckten. Als ich die beiden daraufhin einmal ansprach, sagte mein Vater nur: »Wir brauchen sie viel nötiger als du! Denn mit deinem doofem Getue machst du uns noch ganz krank!« Gott sei Dank: Sie entdeckten nie das dritte und wirklich wichtige Präparat, das zur Lockerung meiner Muskulatur diente. Ich versteckte es viele Monate und nahm es heimlich ein …

Früher als erwartet wurde dann auch mein erster »fahrbarer Untersatz« geliefert. Ich erhoffte mir durch ihn ein wenig Erleichterung. Aber meine Eltern brachten ihn sofort in den Keller, wo er leider unbenutzt herumstand. Weiterhin wurde ich morgens und nachmittags von meiner Mutter zum Schulbus hingebracht und abgeholt – aber von nun an mit dem Fahrrad. Ich musste mich auf den Gepäckträger setzen, meine Füße auf die Pedale stellen und trampeln, während meine Mutter den Lenker festhielt und schob. Das war vielleicht immer eine Prozedur – für uns beide!

Irgendwann hatte Christina – Tobias' Freundin – eine geniale Idee. Sie wollte mit mir einen Ausflug in den Leipziger Tierpark machen. Da ich schon lange nichts mehr unternommen hatte, jubelte ich laut. »Können wir den Rolli einweihen?«, fragte ich etwas zögerlich.

»Na klar!«, erwiderte Tina.

Zum ersten Mal musste ich mich nicht nur auf meine Beine konzentrieren, sondern konnte die schöne Landschaft genießen. Aber das Dumme dabei war nur, dass mich das Sitzen viel kleiner machte. Daher blieb mir auch nichts anderes übrig, als zu den Leuten aufzuschauen, wenn ich mit ihnen redete. Zugleich fing ich aber auch an, darunter zu leiden, dass etliche Menschen oft – buchstäblich – auf mich herab guckten und davon ausgingen: »Wer nicht laufen kann, läuft auch sonst nicht ganz rund!«

Leider blieb diese Fahrt vorerst einmalig. Denn meine Eltern stellten den Rollstuhl weiterhin beiseite. Wenn sie etwas mit mir unternehmen wollten, hatte ich keine andere Wahl, als an ihrer Seite zu trotten. Ich hatte immer Horror, wenn sie samstags mit mir an den nahe gelegenen See fuhren, damit ich ihrer Meinung nach nicht einrostete. Dort musste ich an ihren

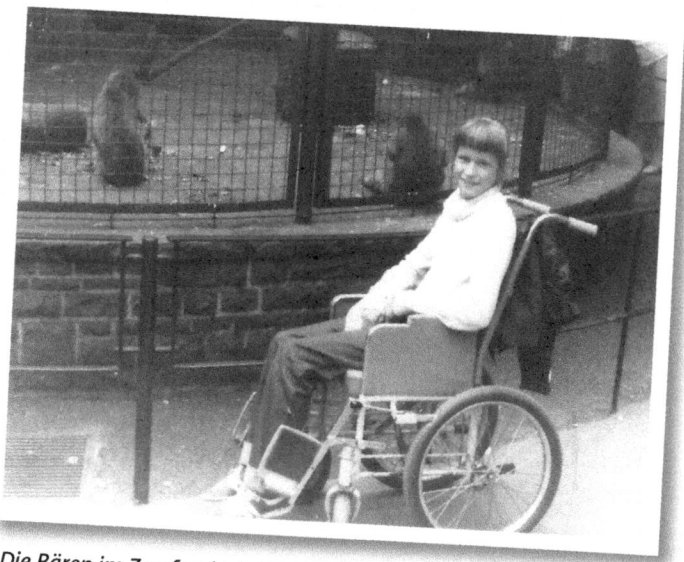

Die Bären im Zoo fand ich bärenstark.

Händen eine ganz bestimmte Strecke von etwa zwei Kilometern zurücklegen. Ununterbrochen ermahnten sie mich dabei: »Geh doch gerade!« »Sieh nach oben!« »Setz die Beine ordentlich!« »Dreh deine Füße nach außen!« »Drück die Hand nicht so! Lass endlich mal locker!« Zu meinem Bedauern waren sie diejenigen, die dabei niemals locker ließen!

Ein paar Monate später befürwortete meine Schulärztin einen elektrischen Rollstuhl. »Was hältst du davon?«, fragte sie mich. »Du könntest dich damit einfach noch ein bisschen mehr schonen!«

Ich dachte zunächst: »Geht das schon wieder los? Den darf ich doch sowieso nicht benutzen!« Und dennoch war ich begeistert: »Endlich gäbe es eine Möglichkeit für mich, beweglicher zu werden, ohne mich allzu sehr bewegen zu müssen«, dachte ich. Und deshalb antwortete ich: »Das wäre toll!« Doch zugleich spürte ich wieder ein mulmiges Gefühl in mir. Ich ahnte, dass meine Eltern auch mit diesem Vorschlag nicht einverstanden sein würden, womit ich leider recht hatte. Aber – wie dem auch sei: Letztendlich bekam ich nicht nur Probleme, sondern auch meinen ersten elektrischen Rollstuhl … und das sechs Tage vor Heiligabend. Natürlich war er damals mein schönstes Weihnachtsgeschenk, obwohl ich mich anfangs nicht so recht traute, ganz allein damit loszufahren. Schließlich hätte – beim Passieren – so viel passieren können.

Glücklicherweise stand Tobias, mein Kumpel und Klassenkamerad, eines schönen Tages völlig überraschend in seinem nagelneuen Elektrorollstuhl vor meinem Haus. »Kommst du ’raus?«, fragte er mich, nachdem er geklingelt hatte.

»Na klar!«, sagte ich ganz wagemutig.

Ich fand es ganz schön kompliziert, diesen robusten, bequemen Wagen zu bedienen. Daher dauerte es ziemlich lange, bis ich mich in ihm vor die Haustür manövriert hatte.

Die Probefahrt war ein unvergessliches Abenteuer. Tobias und ich übten, ein paar Straßen zu überqueren und dabei die hohen Bordsteinkanten zu überwinden oder schiefe Ebenen hoch- und herunterzukommen. Wir fuhren Slalom … und rasten über Stock und Stein. Am Abend beherrschten wir unsere Flitzer dann schon so gut, dass wir mit der Höchstgeschwindigkeit – also mit sechs Kilometern pro Stunde – unseren Heimweg über die unbelebte Fußgängerzone antreten konnten, was richtig Spaß machte.

Wann immer die Zeit, das Wetter beziehungsweise unsere Eltern es erlaubten, verdufteten Tobias und ich von da an in unserer Freizeit. Und dabei spürten wir sehr schnell den Duft der großen, weiten Welt. Mit einem Mal konnten wir ohne fremde Hilfe in die Stadtmitte fahren.

Je öfter ich allerdings meine Freiheit genoss, desto mehr litt ich unter den Vorurteilen und Hemmungen vieler Menschen. Manche nahmen Tobias und mich gar nicht erst für voll. Einmal standen wir zum Beispiel an einer roten Ampel, als eine ältere Frau geradewegs auf uns zukam, weil sie meinte, uns mit lauter Stimme erklären zu müssen: »Ihr dürft jetzt nicht über die Straße fahren! Bei dieser Farbe müsst ihr warten – bis das andere Männchen kommt!« Da diese Szene leider auch allen anderen Passanten um uns herum nicht entging, wurden wir vor lauter Scham so rot wie die Leuchte der Ampel. Als wir dann endlich grünes Licht bekamen, machten wir uns daher ganz rasant aus dem Staub.

Es schien schon damals jene graue Theorie zu geben: Gesunde Menschen sind immer eine Leuchte. Und Rollstuhlfahrer sind immer unterbelichtet; gesunde Menschen sind immer gut drauf. Und Rollstuhlfahrer sind immer arm dran! Innerlich rebellierte ich dagegen, weil ich – wie jede andere Person auch – Stärken und Schwächen, Begabungen und Begrenzungen habe.

Apropos Stärken: Stark fand ich es, dass ich trotz aller anfänglicher Bedenken die Schule 1989 als Beste abschloss. Damals entschied ich mich, nicht auf den Abschlussball zu gehen, weil ich nichts zum Anziehen besaß, was anziehend für mich gewesen wäre. Und außerdem hatte ich das Gefühl, mich mit meinen Eltern dort nicht sehen lassen zu können. Aber innerlich feierte ich, dass ich am Ende der Schulzeit bei vielen angesehen war! Und so bedankte ich mich am Ende nur noch bei meinen Lehrern dafür, dass sie mich zehn Jahre lang gefordert und gefördert hatten!

EINE LEHRE DARAUS ZIEHEN

NACH MEINEM SCHULABSCHLUSS FING ICH an, mich auf meine Lehre als Finanzbearbeiterin vorzubereiten. (Diese Facharbeiterausbildung der ehemaligen DDR entspricht in etwa der von Verwaltungsfachangestellten der Bundesrepublik Deutschland.) Von der Ausbildungsstätte hatte ich bereits recht früh Unterlagen erhalten, in denen stand, was auf mich zukam. Ich erfuhr, dass ich künftig in einem großen Raum mit sieben anderen jungen Frauen wohnte. Mir wurden ein Bett, ein Schrank und ein Nachttisch zur Verfügung gestellt. Da es keine Waschmaschine im Wohnheim gab, wurde mir geraten, so viele Kleidungsstücke wie möglich einzupacken. Denn nur in jeder achten Woche stand eine Heimfahrt für vier Tage auf dem Plan, um die Sachen waschen zu können. Neben speziellen Büchern und Schreibzeug sollte ich auch genügend Kosmetik besorgen.

Ich ging zu meiner Mutter, um sie zu bitten, mir bei den Vorbereitungen zu helfen. Sie weigerte sich jedoch. »Ich verstehe überhaupt nicht, warum du nach Berlin willst, kannst ja bei uns bleiben«, meckerte sie.

»Und was soll ich hier – deiner Meinung nach – machen?«, fragte ich sie verwundert.

»Na, du kannst doch in die Werkstatt für Behinderte gehen.«

»Schrauben zählen – nach Größe, Farbe und Gewicht sortieren?«

»Warum nicht?«, sagte meine Mutter, bevor sie mit den Schultern zuckte.

»Das will ich aber nicht!«

»Ja, dann sieh zu, wie du klarkommst!«, meinte sie abweisend. »Du bist ja so schlau ...«

Ich verstand die Welt nicht mehr. Jahrelang hatten meine Eltern mir zu verstehen gegeben, dass ich eine Last für sie war. Und nun, wo ich endlich weggehen wollte, war ihnen das auch nicht recht. »Das erklär' mir mal einer«, dachte ich.

Insofern musste ich allein meine sieben Sachen zusammenpacken. Das war schwerer als gedacht, weil ich mir aus der Kaufhalle mehrere Bananenkartons holen musste.

Da ich auch nicht viele Kleidungsstücke besaß, blieb mir nichts anderes übrig, als meine Omi um Unterstützung zu bitten. Ich hoffte, dass sie mit mir in die Stadt fahren würde, um ein paar neue Sachen einzukaufen. Doch sie sortierte lediglich ein paar ihrer Klamotten aus – mit dem Nachsatz: »Hier, nimm das. Nach der Lehre krieg' ich das Zeug aber wieder.« Offensichtlich sollte ich ziemlich alt aussehen, wenn ich Neues wagte…

Am Tag der Abreise erlebte ich – zunächst – nichts Neues.

Ich wünschte meinen Eltern einen »Guten Morgen«. Aber sie prophezeiten mir nur, dass es für mich keinen guten Morgen mehr geben würde, wenn ich nicht bei ihnen bliebe. »Ohne uns wirst du sowieso in der Gosse enden«, bekam ich mehrmals von ihnen zu hören.

Schweigend ging ich in mein Zimmer. Obwohl ich mir jetzt nichts sehnlicher wünschte, als dass es endlich losging, sah ich ein riesengroßes Problem, das vor meiner Abfahrt noch geklärt werden wollte: Ich hatte keinen einzigen Pfennig im Portemonnaie. Jetzt war ich insofern noch einmal von der Gunst meiner Eltern abhängig…

Um fünf vor zehn wagte ich mich ein letztes Mal in das Wohnzimmer, in dem gerade alles mucksmäuschenstill war. »Mutti, Papa, ich wollte mich von euch verabschieden. Gleich kommen Thorsten und seine Eltern…«, sagte ich mit zittriger Stimme. »Könnt ihr mir noch ein wenig Geld geben?«

Mit einem Mal lachte mein Vater höhnisch auf. »Geld will sie haben, Ulla… Wer hätte denn das gedacht?!« Anschließend stand er auf und kam langsam auf mich zu. »Mein liebes Fräulein: Gnade dir Gott, wenn du es wagst, noch einmal solch eine unverschämte Forderung an uns zu stellen!«

»Aber – wieso denn…? Ihr kriegt seit Jahren jeden Monat doch über 1000 Mark Pflegegeld! Und nun braucht ihr das ja die nächsten zwei Jahre nicht… Da könnt ihr mir doch zumindest die Hälfte abgeben!«, wandte ich ein.

Das war zu viel für meinen Vater. Er richtete seinen Zeigefinger zur Haustür und schrie: »Raus, verschwinde! Wenn du wieder normal bist, kannst du gern zurückkommen!«

Nach dieser Herabsetzung war ich nicht nur ganz unten, sondern ich ging auch nach unten!

Ich war wieder obenauf, als ich sah, dass Thorsten – mein Klassenkamerad – und seine Eltern in ihrem dunkelroten Wartburg schon auf mich warteten, um mich mitzunehmen. Die Mutter begrüßte mich herzlich. Sie drückte mich sogar, obwohl wir uns nur vom Sehen her kannten. »Heute beginnt für euch ein neuer Lebensabschnitt! Aber ihr schafft das schon…«, ermutigte sie mich. Währenddessen sagte auch der Vater freundlich: »Hallo!« Nebenbei lud er – wie selbstverständlich – meine beiden Fahrzeuge auf und verstaute das Handgepäck im Kofferraum.

Als alles untergebracht war, bot die Mutter mir den Platz neben ihr auf der Rückbank im Auto an. Ein letztes Mal schaute ich hoch – zu der elterlichen Wohnung. Ich hoffte so sehr, dass mein Vater und meine Mutter am Fenster im Schlafzimmer oder in der Küche standen – versöhnlich winkend und auch mit einer Träne »im Knopfloch«. Aber ich sah niemanden … Und so beschloss ich, mich in den Wagen zu setzen und es nicht noch einmal zu wagen, mich umzudrehen.

Schnell fiel mir auf, dass die Familie Schneider ziemlich abgefahren war. Denn sie interessierte sich für mich und nahm mich ernst. »Was ist denn mit deinen Eltern? Warum bringen sie dich nicht selbst nach Berlin? Wollen sie gar nicht wissen, wo du die nächsten Monate lebst … wie du untergebracht bist?«, löcherte die Mutter mich ununterbrochen.

Ich schämte mich für meine Eltern. Doch um mir nicht anmerken zu lassen, wie traurig ich über deren Einstellung war, sagte ich bloß mit ein bisschen Witz: »Ich weiß auch nicht, aber irgendwie bin ich diesen Leipzigern einerlei …«

Thorsten ermahnte seine Mutter. »Nun lass' doch mal die arme Jana in Ruhe! Du bist viel zu neugierig …«

Danach herrschte Ruhe im Auto. Nur das Radio spielte, was für mich eine gute Gelegenheit war, um meinen eigenen Gedanken nachzugehen. Während ich aus dem Fenster guckte, fragte ich mich im Stillen: »Ist es eigentlich normal, wie diese Familie miteinander umgeht, oder ist eher der raue Ton bei uns die Regel? Die hier begegnen sich auf Augenhöhe … Sie schätzen sich gegenseitig … Das tut gut, baut jeden auf – sogar diejenigen, die nicht dazugehören.« Weiter ging mir durch den Kopf: »Bei uns ist das ganz anders! Meine Eltern spielen ihre Macht so richtig aus. Sie halten mich an der kurzen Leine, wollen mich von sich total abhängig machen...« Nach einer kurzen Pause dachte ich weiter: »Jahrelang stand ich unter ihrer Fuchtel, aber das will ich nicht mehr! Jetzt, wo ich endlich eigene Wege gehe, habe ich vielleicht die Chance, mein Leben in die Hand zu nehmen... Allerdings ist Fakt, dass ich unbedingt 'rausbekommen muss, was es mit dieser Schuld auf sich hat. Irgendwie muss ich Klarheit darüber gewinnen, warum sie so kalt zu mir sind und was der Grund für die mysteriöse Unterhaltung zwischen Onkel Holger und meinen Eltern damals im Wohnzimmer gewesen ist.«

Nach nicht ganz drei Stunden merkten Thorsten und ich, dass wir in den kommenden zwei Jahren am Ende der Welt leben mussten – in Rahnsberg, dem östlichsten Stadtteil Berlins. Das Wohnhaus sah von außen und innen wenig einladend aus.

Als ich den großen Raum betrat, in dem ich künftig wohnen und schlafen sollte, wurde ich an die Zeit im Kinderheim erinnert. Die Betten waren auch hier im Spalier aufgebaut. Dazwischen standen als Sichtschutz die Kleiderschränke. Die Betreuerin erklärte: »Jana, Sie können sich gerne ein Bett aussuchen. Noch ist ja keine Ihrer Zimmergenossinnen hier.«

Vorgelegt, abgelegt.

Als ich sämtliche Räumlichkeiten erkundet hatte, kam mir plötzlich und unerwartet Frau Schneider entgegen. »Ich habe dich schon gesucht, weil ich dich fragen wollte, ob ich dir beim Auspacken helfen kann!«

Ich nahm ihre Unterstützung dankend an.

Sie holte meine sämtlichen Bananenkartons, die ich vor ein paar Tagen mit der Post vorausgeschickt hatte, und legte meine Habseligkeiten in den Schrank. »Ist es bei euch in der Küche, im Bad und auf dem Lokus auch so keimig?«, flüsterte sie mir zu.

Ich verzog das Gesicht und bejahte die Frage.

Thorstens Mutter ermutigte mich: »Weißt du: Hier könnt ihr viel lernen! Deshalb dürft ihr jetzt nicht gleich die Flinte ins Korn werfen, nur weil die Unterkunft hier unter aller Kanone ist…«

Nachdem die Familie Schneider in eine Gaststätte gegangen war, sortierte ich meine letzten Sachen in den Nachtschrank ein. Dabei fiel mir das Geschenk von Tobias und Tina in die Hände. Sofort schaute ich nach, was die beiden mir mit auf den Weg gegeben hatten. Ich entdeckte zunächst eine kleine Karte, in der zu lesen war:

Liebe Jana!

Bislang hast Du in gnadenlosen Verhältnissen gelebt. Aber das sollte sich mit Deinem neuen Lebensabschnitt ändern! Jana, weißt Du eigentlich, was Dein Name bedeutet? Er ist eine Ableitung von Johanna – und heißt: die »Gottbegnadete« oder auch »Gott ist gnädig«. Wir wünschen Dir, dass Du das immer mehr erfährst. Gott möchte Dir gnädig sein. Darum suche ihn, finde ihn – damit Du irgendwann spürst, dass Du die von Gott Begnadete bist. Die Bibel soll Dir dabei helfen.

Sei behütet! Und – vergiss uns nicht!

Tina & Tobias

Durch den lieben Brief meiner besten Freunde ging mir ein Licht auf. Ich ahnte, dass mein Leben für einige wirklich von Bedeutung war.

Mit der Bibel konnte ich nichts anfangen. Aber irgendwie fühlte ich mich durch die lieben Worte von Tina und Tobias ermutigt. Es war der perfekte Zeitpunkt gekommen, etwas Neues zu beginnen. Ich erkannte erst jetzt, als ich den Rückhalt bekam, der mir immer fehlte, wie wichtig es für mich war, ganz hoffnungsvoll in die Zukunft zu gehen. Ich wusste nun, dass auch ich etwas zu bieten hatte. Deshalb war ich allmählich in der Lage, bewusst mit Menschen mehr Zeit zu verbringen, die mich schätzten und schützten.

੭ ੬

Am ersten Montag im September 1989 begann der Ernst des Lebens. Nach dem Frühstück fuhren Thorsten und ich gemeinsam zu dem Neubau, wo der Unterricht stattfand. Wir waren sechzehn Lehrlinge, und die Klassenleiterin war auch sympathisch. Sie informierte uns darüber, was in der nächsten Zeit auf uns zukam: Die Bereiche, in denen die Klasse geschult wurde, waren überschaubar. Deutsch und Mathematik gehörten sowieso zu meinen Lieblingsfächern. Statistik, Betriebsführung, EDV und Maschinenschreiben kamen dazu.

Bereits in der ersten Woche wollten die Lehrer herausfinden, wie pfiffig jeder Einzelne war. Aber Thorsten und ich merkten sehr schnell, dass die Anforderungen, die uns gestellt wurden, nicht besonders schwierig für uns waren. Dadurch konnten wir uns viel mehr den angenehmeren Dingen des Lebens widmen.

Von nun an fuhren wir regelmäßig in die Stadt, um sie uns anzusehen. Dabei wollten wir einen Großteil unseres Lehr-

lingsgeldes verbraten. Irgendwann kannten wir die interessan-
testen Geschäfte. Es dauerte also nicht lange, bis wir Ost-Berlin
besser kannten als unsere eigene Westentasche.

WAS UNTERMAUERT WURDE

IM NU VERGINGEN DIE ERSTEN acht Wochen in Berlin. Es war Ende Oktober geworden – die Zeit, mit der ich ursprünglich gar nicht viel anfangen konnte. Aber diesmal war alles anders. An meinem Geburtstag weckten die Frauen aus dem Zimmer mich mit dem Ständchen: »Happy birthday to you…« Anschließend überreichten sie mir einen Schokoladenkuchen, den sie am Vorabend extra für mich gebacken hatten. Mir blieb die Luft weg – aber nicht der 17 Kerzen wegen, die ich gerade ausgepustet hatte, sondern weil ich an meinem Ehrentag noch niemals so gewürdigt worden war.

Thorsten hatte sich etwas Besonderes für mich ausgedacht. Nach dem Unterricht wollte er einen schönen Tag mit mir verbringen. »Freue dich auf ein ganz persönliches Geschenk!«, hatte er angekündigt, während er mir morgens gratulierte.

Gleich nach dem Unterricht putzte ich mich heraus. Ich zog meine selbstgekaufte schwarze Bluse an, die mit ihren weißen Punkten auffallend chic aussah. Und dazu legte ich meine funkelnagelneuen Silberohrringe an, die mit ihren schwarzen Steinchen genau so strahlten wie ich. »… genau das Richtige für den Anlass!«, dachte ich mir. Meine langen Haare trug ich offen.

Thorsten entführte mich an ein idyllisches Plätzchen mit einem kleinen See, das gar nicht so weit vom Wohnheim entfernt lag. Er hatte eine Decke eingesteckt, die er auf der Wiese ausbreitete. Eine Flasche Wein kam zum Vorschein, die er öffnete, um ihn in zwei Becher einzufüllen. »Komm, lass uns erst mal auf dich anstoßen!«, meinte er, nachdem wir es uns gemütlich gemacht hatten. Behutsam half er mir beim Trinken.

Hinterher nahm er auch einen Schluck. Anscheinend musste er sich Mut antrinken. Denn auf einmal stammelte er: »Ja, wenn ich ehrlich bin: Seitdem du dich so verändert hast und wir so viel Zeit miteinander verbringen, empfinde ich mehr als nur Freundschaft für dich ... Ich hab' mich echt in dich verliebt.«

Ich wurde rot – wie die Farbe der Liebe. Doch dann gestand ich ihm:

»Mir geht es genauso!«

Zum ersten Mal umarmte er mich, und wir küssten uns. Das war – ohne Frage – das schönste Geschenk, das er mir an diesem Geburtstag machen konnte!

Ich schwebte auf Wolke sieben, seitdem Thorsten und ich ein Paar waren, und fand es himmlisch, mit ihm zusammen zu sein. Und dennoch landete ich sehr bald auf dem Boden der Tatsachen: Das erste verlängerte Wochenende, an dem alle nach Hause fahren konnten, stand auf dem Plan. Jetzt musste ich für 96 Stunden ohne meine erste große Liebe – meine bessere Hälfte – klarkommen.

Ich blieb in Rahnsberg und nutzte die Zeit, um für mich zu klären, wohin meine Lebensreise gehen sollte. Öfter fuhr ich dazu in den Park, in dem Thorsten mir seine Liebe gestanden hatte. Mit seinem farbenreichen Herbstlaub sah er im Moment genau so bunt und interessant aus wie meine Gefühlswelt selbst ...

Für mich stand von vornherein fest, dass ich nie wieder zu meinen Eltern zurückkehren wollte. Am liebsten hätte ich mir nach der Lehre mein eigenes kleines Reich aufgebaut – zusammen mit Thorsten. Ich träumte von einem Häuschen im Grünen ... Ja, insgesamt hätte ich mir niemals träumen lassen, dass ich einmal im Leben so glücklich sein würde wie in diesen Tagen.

Ich erinnerte mich immer wieder an das, was Tina und Tobias mir geschrieben hatten. »Ich wurde früher wirklich ungnädig behandelt!«, überlegte ich. »Aber – vielleicht haben die beiden ja doch recht… Nach all dem, was ich hier erlebe, könnte man fast annehmen, dass ich tatsächlich von Gott begnadet bin: Denn Thorsten liebt mich, seine Eltern behandeln mich beinahe wie ihre eigene Tochter. Und ich habe jetzt Freunde, die mich achten…« Setzte dieser Gott womöglich Himmel und Hölle in Bewegung, um mir Türen für eine bessere Zukunft zu öffnen? Denn nach den ganzen Herabsetzungen ging es offensichtlich langsam aufwärts!

ை   ஒ

Sechs Tage, nachdem ich Thorsten wieder in meine Arme geschlossen hatte, öffnete sich die innerdeutsche Grenze. Am Abend des 9. November 1989 saßen wir Lehrlinge wie gebannt vor dem Fernseher, um das Unfassbare mit eigenen Augen zu sehen. Wie durch ein Wunder eröffnete sich für alle eine ganz neue Welt. Denn auf einmal konnte jeder den anderen Teil Deutschlands auskundschaften.

Ich dachte sofort an meine Großeltern, die in West-Berlin wohnten. Ich spielte mit dem Gedanken, sie schnellstmöglich zu besuchen. Da ich sie bislang nur einmal gesehen hatte und meine Eltern zudem auch nur selten über sie sprachen, wollte ich das unbedingt.

An einem Sonnabendvormittag machten wir uns auf den Weg nach Neukölln. Eine lange Fahrt mit dem Zug lag vor uns. Wir mussten ein paar Mal umsteigen. Doch diese Strapazen nahmen wir gern auf uns.

Schließlich hatten Thorsten und ich das Ziel erreicht. Auf dem Namensschild war »Friedrich & Elisabeth Schumacher« zu lesen. Hinter diesen Wänden des kleinen Reihenhauses wohnten also der Vater meines Vaters mit seiner zweiten Frau…

Ich drückte auf die Klingel.

Wenig später öffnete ein gut aussehender älterer Herr die Tür. Er guckte mich mit großen Augen an und sagte verblüfft: »Das gibt's ja nicht… Lieschen, komm' schnell her. Du wirst es nicht glauben, aber unsere kleine Jana mit einem netten, jungen Mann…«

Nach einer tränenreichen Begrüßung hießen sie uns herzlich willkommen. Sofort verwöhnten sie uns. Wir fühlten uns bei ihnen so wohl, dass die drei Stunden, in denen wir vier zusammen waren, wie im Flug vergingen.

Am Ende versprachen wir uns, dass es ein baldiges Wiedersehen geben würde. Die Großeltern wollten uns in Rahnsberg besuchen kommen. »Mit unserem Opel geht das ein bisschen einfacher und schneller!«, meinten sie, bevor wir uns herzlich voneinander verabschiedeten…

Das Gespräch mit meinen Großeltern war ziemlich aufschlussreich. Auf der Rücktour unterhielt ich mich mit Thorsten deshalb ausschließlich über das, was wir an jenem Tag erfahren hatten. Am meisten waren wir darüber schockiert, was Oma und Opa erlebten, als sie zu Beginn des Jahres 1974 meine Eltern in Wahren besuchten: Denn im Wohnzimmer krabbelte ein kleines Mädchen von ungefähr zwei Jahren ganz überraschend auf dem Boden herum, das sie nicht kannten. Erstaunt wollte Opa von seinem Sohn und der Schwiegertochter wissen, ob das ein Nachbarskind war, das sie gerade in ihrer Obhut hatten? Doch mein Vater erwiderte nur trocken, dass das noch eine Göre von ihm war und dass er es nicht für notwendig hielt, seinen Eltern dessen Existenz mitzuteilen. Oma und Opa waren erbost, verwirrt und traurig zugleich. Selbst an diesem Nachmittag – also 15 Jahre später – standen ihnen noch die Tränen in den Augen, wenn sie daran zurückdachten ... Damals gerieten die alten Herrschaften deswegen in einen heftigen Streit mit ihren Kindern, der sie zur vorzeitigen Abreise zwang. Opa rügte vor allem seinen Sohn, dass er so lieblos und eigenartig handelte. Doch meine Eltern meinten bloß, dass ich ihnen ihr Leben völlig zerstört hatte. Sie reagierten so unnatürlich, dass sie am Ende Opa und Oma nicht nur eine Menge Gemeinheiten an den Kopf warfen, sondern auch Spielsachen, Kleidungsstücke von mir – und sogar mein Babyfoto ... in doppelter Ausführung, welche sie als Erinnerung mitnahmen.

Insofern war ich froh und glücklich darüber, dass Opa und Oma mir jetzt ein Bild davon überlassen konnten ...

Während der Zugfahrt forderte Thorsten mich plötzlich auf: »Zeig's mir doch noch mal!«

Ich holte es aus meiner Handtasche und reichte es ihm.

»Da siehst du aber auch echt süß aus!«, stellte er fest. »Du hattest schon damals richtig Charme – genau wie heute ... Deshalb liebe ich dich ja auch so!«, ergänzte er, wobei wir unsere Köpfe aneinander lehnten und innige Nähe suchten.

»Meine Mutter spinnt vielleicht ... Sie hat immer behauptet, dass ich faltig, schrumpelig und hässlich ausgesehen hab', aber ich war doch ein ganz normales Baby!«, sagte ich aufgebracht.

Erneut schaute Thorsten sich das Foto an. »Stimmt – ein ganz normales Baby...« betonte er konzentriert. »Ist dir schon aufgefallen, dass du hier überhaupt nicht verkrampfst?«, meinte er. »Du liegst auf dem Bauch und stützt dich mit deinen kleinen Ärmchen hoch ...!«

»Du meinst: Ich war in dem Alter noch völlig gesund?«, folgerte ich zaghaft und verwirrt. »Dann hätte ich die ganze Zeit recht gehabt, dass ich immer angelogen worden bin …«

❧❨

Ehrlich gesagt: So langsam nervte es mich, dass ich mich immer noch im Tal der Ahnungslosen aufhielt. »Warum erzählt mir denn keiner, was wirklich passiert ist?!«, dachte ich.

Aber in diesem Zusammenhang fiel mir wieder ein, was meine Physiotherapeutin in Rahnsberg entdeckt hatte, als sie beim erstem Mal meinen Kopf anfasste, um die Beweglichkeit zu testen. »Sind Sie früher mal gestürzt oder hingefallen?«, wollte Sie wissen. »Ihr Schädel ist so deformiert, dass er auf der rechten Seite sehr platt ist – keine Angst … für einen Laien is' das nicht sichtbar!«, hatte sie gemeint.

Wenn ich recht im Bilde bin, bin ich auf diesem Bild ungefähr drei oder vier Monate alt. Ob mich in diesem Alter wirklich schon etwas behinderte?

»Nicht das ich wüsste«, gab ich verwundert zurück.

Damals sagte ich ihr auch, dass ich große Beschwerden um den Brustkorb herum verspürte. Sie tastete jenen ab und erwiderte: »Das ist auch kein Wunder. Sie müssen sich einmal sechs oder sieben Rippen gebrochen haben. Können Sie sich daran gar nicht erinnern?«

Ich schüttelte fast verlegen den Kopf.

Aufgrund dessen zeigte ich meiner Physiotherapeutin jetzt das Foto, das Opa und Oma mir geschenkt hatten.

»Das bin ich. Was meinen Sie: Bin ich hier behindert oder nicht?«, fragte ich sie geradeheraus.

»Nein, da sind Sie noch völlig gesund!«, antwortete die junge, schlanke Doreen bestimmt, als sie das Bild begutachtet hatte.

»Und – woran sehen Sie das?«

»Babys mit Ihrer Krankheit können nicht auf dem Bauch liegen und dabei das Köpfchen anheben, wie Sie es hier tun! Das muss man erst eine lange Zeit mit solchen gelähmten Kindern üben. Sie sind immer Spätentwickler, was bei Ihnen hier – mit Ihren drei oder vier Monaten – ja gar nicht zutrifft!« Sie schaute genauer hin: »Sie stützen sich hier von ganz allein auf Ihre Arme und schauen dabei noch ganz entspannt in der Weltgeschichte herum. Die Haltung scheint Sie überhaupt nicht anzustrengen. Und das ist total ungewöhnlich… Das passt überhaupt nicht zu Ihrem Krankheitsbild!«

Nun war mir klar, dass diese Tatsache in das Bild passte, das ich mir von der ganzen Geschichte längst gemacht hatte…

AUFHÖREN

IM DEZEMBER ERLEBTE ICH IN mehrfacher Hinsicht eine vermeintlich schöne Bescherung. Zum einem fehlte mir von heute auf morgen die Kraft in der linken Hand. Und mein Arm verkrampfte dabei ständig. Daher konnte ich keinen Stift mehr festhalten, um handschriftlich etwas auf das Papier zu bringen – abgesehen von meiner eigenen Unterschrift. Die Ärztin, die ich daraufhin aufsuchte, meinte nur: »Das musste ja so kommen…« Ich war völlig deprimiert. Mir wurde angst und bange. »Wie kann ich mein Leben überhaupt bewältigen, ohne schreiben zu können?«, fragte ich mich verzweifelt.

Zum anderen bat meine Klassenlehrerin mich bald darauf um ein Gespräch. Sie erklärte mir, dass sie keine Zukunft als Finanzbearbeiterin für mich sah. Durch die Schwere meiner Behinderung war ich für diesen Beruf einfach nicht geeignet. Ich war schlau genug, um die Anforderungen zu begreifen. Doch mein Tempo auf der Schreibmaschine oder am Computer war viel zu langsam, um effektiv in einem Betrieb arbeiten zu können. »Und – wenn Sie jetzt auch nicht mehr schreiben können…« Sie legte mir nahe, die Lehre abzubrechen.

Leere erfasste mich, die mich niederdrückte. Auch Wut stieg in mir hoch: »Warum ich? Wieso muss mir das immer passieren? Was soll ich denn nun mit meinem Leben machen?«

Am dritten Advent fuhr ich zu meinen Großeltern, um ihnen die neuesten Nachrichten zu überbringen. Ich hoffte, bei ihnen Zuflucht zu finden… Voller Verständnis redeten Opa und Oma mir gut zu. »Kind, das wird schon«, trösteten sie mich. »Weihnachten und Silvester verbringst du jetzt erst einmal bei uns! Und dann sehen wir weiter…«

Im Wohnheim angekommen stürmte ich zu Thorsten – meinem Fels in der Brandung. Schließlich war er immer für mich da, wenn ich Schiffbruch erlitt und mir das Wasser bis zum Hals stand… Aber diesmal war alles anders. Es kam mir beinahe so vor, als ob er ein Herz aus Stein hatte! Obwohl er mir geduldig zuhörte, berührte es ihn nicht sonderlich, was ich ihm erzählte. Er sagte kein einziges Wort…

Was war nur los? So kannte ich ihn gar nicht.

Am nächsten Morgen war er auch komisch. »Was hast du?«, fragte ich ihn deshalb. »Bist du traurig, weil ich von hier weg soll?«

»Das is' es nicht!« Er schwieg eine Weile, bevor er tief Luft holte und sagte: »Ich muss dir… es ist aus zwischen uns!«

»Was? Warum denn?«, fragte ich verdutzt. »Ich verstehe das nicht!«

»Ich liebe eine andere Frau. Es ist Doreen, deine Physiotherapeutin. Es war Liebe auf den ersten Blick…«

»Wie lange geht das schon?«

»Drei Wochen. Ich will von nun an immer mit ihr zusammen sein! Dagegen kann ich mich nicht wehren… Sie sieht gut aus, ist witzig, sportlich – und gesund!«

Ich floh sofort vor dem Menschen, zu dem ich in den vergangenen Wochen stets flüchten konnte…

Schnell fuhr ich in mein Zimmer, in dem ich glücklicherweise ganz allein war. Ich war nicht nur gelähmt; ich fühlte mich mittlerweile auch lahm gelegt. Denn immer und immer wieder hallte es in mir nach: »Sie ist gesund…«

»Wie kann mir dieser olle Trottel das antun? Wie kann der so was sagen – wo er selbst querschnittsgelähmt is'. Der Hornochse müsste doch wissen, wie weh das tut …«, dachte ich verletzt.

In mir war nur noch Schmerz. Mein Herz blutete. Und ich kannte niemanden mehr, der meine Wunden verbinden oder sogar heilen konnte … In mir schrie alles: »Ich will nicht mehr! Ich kann nicht mehr! Es hat alles keinen Sinn: Mich will keiner haben!«

Ich war so verzweifelt, dass ich daran dachte, meinem Leben ein Ende zu setzen. Es wäre für mich ein Leichtes gewesen, alle Tabletten – die ich in meinem Schrank aufbewahrte – auf einmal herunterzuschlucken …

Um das Chaos in meinen Gefühlen zu überspielen, drehte ich das Radio einer Mitbewohnerin auf volle Lautstärke. Ich wollte alles andere hören als meine innere Stimme, die so deutliche Worte sprach … Nachdem ich mir einige Schlager hereingezogen hatte, die sinnlosen Herzschmerz besangen, vernahm ich plötzlich, wie die Moderatorin sagte: »›Wenn jeder Tag dir nur Dunkelheit bringt‹ – so beginnt der neueste Titel von Roy Black, den wir Ihnen jetzt vorstellen wollen.«

Völlig deprimiert dachte ich noch: »Na, was soll schon sein, wenn jeder Tag mir nur Dunkelheit bringt … Dann sieht es finster für mich aus!« Und dennoch: Etwas bewegte mich, genauer hinzuhören:

»Wenn jeder Tag dir nur Dunkelheit bringt
und was du anfasst, dir nicht mehr gelingt,
wenn keiner da ist, der dich morgens weckt,
sich in deine Arme legt.

Wenn jeder Freund sagt: ›Ich kann heute nicht,
morgen vielleicht‹, doch du weißt, dass er lügt,
wenn du nachts wach liegst
und träumst ganz allein,
einmal noch zärtlich zu sein.«

Beim Lauschen begann ich wie ein Schlosshund zu heulen. Es war eigenartig: Aber irgendwie traf diese Schnulze genau den richtigen Ton, der meine Seele berührte. »Jawohl, so geht's mir«, dachte ich. »Ich bin allein, verlassen, wurde verraten und verkauft! Ich wurde betrogen und belogen ... bin in einer Sackgasse und weiß nicht, wie es weitergehen soll! Es gibt keinen Ausweg.« Doch nun vernahm ich:

> »Dann frag' einfach mal Maria,
> sag', du bist in Not.
> Vielleicht schickt dir Maria
> ein kleines Rettungsboot.
>
> Frag doch mal Maria,
> sag', du bist verlor'n.
> Dein Herz ist für Maria
> das beste Telefon.«

Das, was ich gerade gehört hatte, war – buchstäblich – ein ganz neues Lied für mich. Es klang nach einer Lösung – nach Erlösung. Auf alle Fälle brachte mich der Inhalt des Refrains auf ganz andere Gedanken. »Wer ist Maria?«, überlegte ich. »Ich kenne keine Maria ...«

Einen Augenblick später fiel mir wieder ein, dass es Adventszeit war. »Da spielt man im Radio wohl öfter etwas Religiöses!«, kombinierte ich. Doch war mit Maria wirklich die Mutter Gottes gemeint? Ich erinnerte mich lediglich daran, dass Tobias und Tina immer nur von Jesus Christus gesprochen hatten.

»Ist es möglich, dass es ihn wirklich gibt, dass er lebt und gerade zu mir gesprochen hat?«, fragte ich mich überrascht. »Steckt hinter dieser ominösen Maria also dieser Jesus, der gefragt werden will und dem ich sagen soll, in welcher Not ich bin?«

Noch weigerte ich mich allerdings zu beten. Das kam mir albern vor. Stattdessen holte ich zum ersten Mal ganz behutsam die Bibel aus der Schublade meines Nachttischs, die Tobias und Tina mir vor wenigen Monaten mit auf den Weg gegeben hatten. Ich fing an, ganz willkürlich darin zu blättern. Und dabei entdeckte ich unzählige Sprüche und Verse in einem merkwürdigen altertümlichen Deutsch, die mir überhaupt nichts sagten. Manche Sätze waren sogar fettgedruckt. Die fielen mir natürlich sofort ins Auge. Und einer davon sprach mich dann doch klar und deutlich an. Er lautete: »Ich vergesse, was dahinten ist, und strecke mich aus nach dem, was da vorne ist...« (Philipper 3,13)

»Ob man das überhaupt kann: vergessen, was dahinten ist?«, philosophierte ich. »Ehrlich gesagt: Das wäre richtig toll; das wäre wie ein neuer Anfang, eine zweite Chance, ein ganz anderes Leben als das, das ich bisher geführt habe!« Immer mehr packte mich die Sehnsucht nach dieser Befreiung.

»Soll ich mich tatsächlich auf Gott einlassen?«, fragte ich mich skeptisch.

Irgendwie gab es jetzt kein Zurück mehr.

Ich musste es einfach wagen. Was hatte ich denn auch zu verlieren? Infolgedessen kniete ich mich vor meinem Bett hin, faltete die Hände und schloss die Augen... so, wie ich es in manchem alten Film von Leuten gesehen hatte. Ich betete: »Lieber Gott, wenn es dich wirklich gibt, dann weißt du auch alles. Bisher habe ich ohne dich gelebt. Aber das hat nichts gebracht. Nun weiß ich nicht mehr weiter. Ich bin enttäuscht, am Ende meiner Kraft und fühle mich verloren und einsam. Werde mein Rettungsboot, das mit mir zu neuen Ufern aufbricht. Wenn du das hier hörst: Hilf mir bitte, dass ich vergessen kann, was hinter mir liegt. Ich möchte mit dir noch einmal von vorn beginnen. Amen.«

Anschließend öffnete ich wieder die Augen. Noch immer lag ich buchstäblich am Boden. Eigentlich hatte sich an meiner

Situation nichts verändert. Und doch fühlte ich mich anders. Denn ich wusste auf einmal, dass es Gott gibt, ohne ihn gesehen zu haben! Und irgendwie war ich mir sicher, dass er das Ruder meines Lebensschiffes noch herumreißen konnte, damit ich nicht über Bord ging und in den Wellen der Hoffnungslosigkeit ertrank ...

STILLE NACHT

NORMAL FAND ICH DAS NICHT, aber super: Ich spürte so viel Kraftstoff in mir – als ob ich soeben von einer Tankstelle gekommen wäre …

Ich fuhr sofort in die Abstellkammer, in der meine ganzen Bananenkartons auf mich warteten. Mit neuer Energie schleppte ich sie in das Zimmer, damit ich darin schon einmal meine Habseligkeiten verstauen konnte. Einige Klamotten von meiner Mutter und der Omi sortierte ich sogar aus. Ich fühlte mich wie neugeboren, sodass ich den Eindruck hatte, von einer Sekunde auf die andere aus ihnen herausgewachsen zu sein!

Als ich alle Sachen in den Kisten untergebracht hatte, die ich in den kommenden Tagen nicht bei meinen Großeltern benötigte, war es auf meiner Armbanduhr 20 Minuten vor Schulschluss. Zielbewusst fuhr ich zum Neubau. Ich wollte meinen Mitschülern und der Klassenlehrerin »Lebe wohl« sagen.

Bei dem Gedanken, dass ich gleich noch einmal Thorsten erblickte, rutschte mir das Herz in die Hose. Er hatte mich mit seinen Worten so sehr getroffen, dass ich ihn eigentlich nicht mehr treffen wollte … Während ich überpünktlich vor der Tür des Klassenzimmers stand, schlotterten mir die Knie. Doch plötzlich fiel mir wieder der Bibelspruch ein, der mich gerade so bewegt hatte: »Ich vergesse, was dahinten ist …« Und dann kam es mir so vor, als ob eine Stimme mich mit den Worten trösten und stärken wollte: »Jana, den Thorsten kannst du getrost vergessen!«

Als die Tür von Frau Engelbert endlich geöffnet wurde, trug ich meine Bitte vor. Natürlich durfte ich mich von allen verabschieden. Folglich stellte ich mich vor die Klasse und sprach zur versammelten Mannschaft. Zu meinem Erstaunen war der

Großteil traurig und perplex. Viele gaben mir ein paar liebe Worte mit auf den Weg. Ich verließ den Raum und drehte mich winkend noch einmal um. Nur Thorsten würdigte ich keines Blickes. Schließlich schaute ich von nun an vertrauensvoll vorwärts.

Für den Nachmittag hatte ich mir vorgenommen, meinen Großeltern ein Weihnachtsgeschenk zu kaufen. Ich wollte ihnen ein aktuelles Bild von mir schenken. »Doch dafür brauche ich eine neue Frisur, die haarscharf ist. Das ist die Gelegenheit, mir endlich eine Dauerwelle machen zu lassen…«, entschied ich jubelnd.

Gedacht, gemacht.

Ich kam sofort beim Friseur dran. Und – wie durch einen Zufall befand sich ein Fotograf direkt auf der gegenüberliegenden Straßenseite. Auch hier wurde ich hinterher geknipst…

Aufgedonnert und fertig geblitzt fuhr ich mit dem Geschenk im Gepäck zu meinen Großeltern, um die Feiertage mit ihnen zu verleben. Sie nahmen mich herzlich auf und verwöhnten mich nach Strich und Faden. Daran hätte ich mich gewöhnen können…

Wie »Alle Jahre wieder« gab es auch 1989 einen Heiligabend. Sämtliche Vorbereitungen wurden getroffen: Opa schmückte den Baum, und Oma stand stundenlang in der Küche, um alle Delikatessen vorzubereiten.

Am Nachmittag war Bescherung. Oma und Opa freuten sich sehr über mein Foto. Sie stellten es sofort zu meinem Babybild auf die Kommode. Und auch ich wurde von ihnen überrascht. Sie hatten mir eine elektrische Schreibmaschine gekauft. Endlich sollte ich wieder allein etwas aufs Papier bringen können. Ich war zutiefst gerührt.

Aber das war noch nicht alles. Oma holte auch noch einen dicken Briefumschlag hervor. »So, Jana, wir haben hier noch etwas für dich. Aber dazu müssen wir dir etwas erklären ...«

Ich schaute verwundert: »Was kommt denn jetzt?«, fragte ich wissbegierig.

»Sieh erst mal 'rein«, riet Opa, bevor ich das Kuvert in den Händen hielt.

»Habt ihr im Lotto gewonnen?«, wollte ich wissen.

Die Miene des alten Mannes wurde ernster: »Pass mal auf! Wir waren kürzlich bei deinen Eltern und haben Tacheles mit ihnen geredet. Ab Januar kannst du wieder bei ihnen wohnen. Und darum geben wir dir ein bisschen Geld im Voraus mit ...«

Danach betonte Oma mit Nachdruck: »Davon erzählst du ihnen bitte nichts! Sonst nehmen sie es dir weg.«

Ich wurde sprachlos und hing meinen Gedanken nach, sodass die Musik, die bis dahin im Hintergrund lief, mit einem Mal deutlich hörbar wurde. Und – wie aus heiterem Himmel – lief genau das Lied, das die Situation passend umrahmte: »Stille Nacht ...«

»Na, mein Kind, hast du Angst davor, dass bei dir künftig immer ›Stille Nacht‹ ist, weil bei euch ja so oft Schweigen im Walde ist ...«, hinterfragte die Oma mich. »Wir versichern dir, dass du Tage erleben wirst, an denen du Freude hast!«

Ich horchte auf. »Wovon redet ihr?«, wollte ich wissen.

»Du, hör' mal: Es hat bei dir zwar nicht als Finanzbearbeiterin geklappt. Aber das bedeutet ja noch lange nicht, dass du gar keinen Beruf ausüben kannst!«, erklärte Opa. »Überleg' dir doch mal, was du mit deinem Leben anfangen möchtest ... Wo liegen deine Interessen? Woran hast du Spaß? Mach' dir in der nächsten Zeit doch einmal Gedanken darüber! Egal, wofür du dich entscheidest: Wir werden dir immer unter die Arme greifen…«

»Ich weiß schon, was ich will!«, sagte ich bestimmt. »Am liebsten würde ich zuerst mein Abi nachmachen und dann Psychologie studieren. Ich interessiere mich total dafür, wie der Mensch tickt.«

»Na dann, du hast eine Schreibmaschine. Erkundige dich, wie du das anstellen kannst«, machte Opa mir klar. »Nutze die Zeit sinnvoll, solange du bei deinen Eltern wohnen musst«, fügte er hinzu.

In den Tagen zwischen den Jahren machte ich mich schlau. Ich fuhr in eine Universität und erfuhr, dass man über eine Fernschule das Abitur absolvieren und im Anschluss sogar Psychologie studieren konnte. Und so meldete ich mich in der Studiengemeinschaft an, um mich weiterzubilden. Ab Januar sollten mir dann einmal im Monat Unterlagen aller Unterrichtsfächer der elften Klasse nach Leipzig geschickt werden, die ich durcharbeiten musste. Hinterher galt es, eine Menge Fragen ausführlich zu beantworten, die mehrere Lehrer an der Fakultät in Darmstadt kontrollierten und zensierten.

❧   ☙

Am 5. Januar 1990 ging er los – der unvermeidliche Gang nach Canossa. In dem sonnengelben Opel Corsa setzte sich Oma zu mir auf die Rückbank. Ihr war bewusst, dass sie mir zur Seite stehen musste, wenn wir jetzt alle gemeinsam nach Leipzig fuhren…

Je mehr Kilometer wir zurücklegten, desto miserabler fühlte ich mich. In mir krampfte sich alles zusammen. »Es ist so verrückt…«, dachte ich im Stillen. »Jeder andere freut sich, wenn

er nach über vier Monaten seine Eltern wiedersieht. Und ich –
am liebsten würde ich weglaufen vor Angst!«

Oma rückte ganz dicht zu mir heran und umarmte mich.
Meine Augen schienen ein offenes Buch für die erfahrene, alte
Dame zu sein, denn sie konnte in ihnen lesen. »Fürchte dich
nicht! Wir sind auch noch da, wenn wir zu Hause ankom-
men!«, versuchte sie mich daher zu ermutigen.

Ich kuschelte mich an die Schulter meiner Oma, die meine
Wange streichelte. »Du kannst uns immer schreiben – vor
allem, wenn's brennt… Dann machen wir deinen Eltern Feuer
unterm Hintern!«, versprach sie mir. »Und spätestens an
deinem 18. Geburtstag kommen wir dich besuchen…«

Als wir da waren, dachte ich: »Na, dann, zurück in die
Zukunft!«

Das Wiedersehen mit meinen Eltern war genau so frostig wie
jener Wintertag. Opa und Oma schleppten mein ganzes Gepäck
in den Hausflur, und ich parkte meinen E-Rollstuhl vor dem
Keller. Aber weder mein Vater noch meine Mutter zeigten –
buchstäblich – ein Entgegenkommen…

Opa war nicht nur beladen; er war auch geladen.

Als er an der Wohnungstür klingelte, wurde er kühl empfangen. Er erklärte meinem Vater sofort, dass ich seine Hilfe
brauchte.

Indes war ich schon selber mit dem Fahrstuhl in die vierte
Etage aufgestiegen und stand hilflos vor den vielen Stufen.

»Ich werd' einen Teufel tun… Die soll gefälligst laufen!«,
meinte er energisch.

Als ich das vernahm, dachte ich total enttäuscht: »Willkommen zu Hause… Hier is' ja wirklich noch alles beim Alten.«
Dann begannen plötzlich meine Knie zu zittern. Ich bekam
schweißnasse Hände, und mein Herz raste.

Notgedrungen setzte ich mich auf die Treppe und rutschte eine Stufe nach der anderen herunter, bis ich vor meinen Eltern saß.

»Hab' ich dir nicht gleich gesagt, dass du zu doof für eine Ausbildung bist? Aber – du warst ja wieder mal schlauer als wir«, empfing mein Vater mich unten schadenfroh.

Wortlos kroch ich in den Flur. Und Opa verkroch sich mit seinem Sohn in die Wohnstube. »Wir müssen miteinander reden«, sagte er energisch, wobei er ihn wütend ansah.

Dann hörte ich, wie sie lautstark stritten: »Das kannst du doch nicht machen: Sie hier herumkrabbeln lassen. Wie unwürdig ist das denn?«, vernahm ich Opa schimpfen.

Aber mein Vater verteidigte sich damit, dass ich immer noch seine Göre war, die ihm nicht auf der Nase herumtanzte.

»Nee, tanzen kann sie ja schon lange nicht mehr… und überleg' dir mal gut, warum das so ist!«, konterte Opa.

»Halt die Klappe«, forderte sein Sohn ihn respektlos auf.

Derweil war ich längst in mein Zimmer gekrochen. Ich setzte mich erniedrigt auf mein altes Sofa. Opa riss die Tür auf. Er kam zu mir und setzte sich neben mich.

Wieder einmal war ich hellhörig geworden. Einen Augenblick später ergriff ich Opas Hand und fragte ihn: »Warum kann ich nicht tanzen, Opa?«

Er sah mich hilflos an. Und dann stand er hastig auf und hob den Karton mit der Schreibmaschine hoch. »Die schließ' ich dir noch an, damit du loslegen kannst, wenn die Unterlagen von der Fernschule kommen!«, meinte er, wobei er so tat, als ob er meine Frage nicht vernommen hatte.

Es schien mir unpassend, meine Frage nun noch einmal zu wiederholen. Zum Schluss bat ich Opa und Oma nur noch darum, dass sie Tina Bescheid sagen sollten, dass ich wieder zu Hause war. »Klar, wird erledigt«, meinte Oma, während wir uns voneinander verabschiedeten. Beide drückten mich ganz fest und sagten: »Tschüss, Kleines, wir haben dich ganz doll lieb! Vergiss das nicht…« Tränen standen ihnen in den Augen, als sie das Haus verließen.

Ich fühlte mich verlassen. Auch ich musste weinen…

Wenig später platzten mein Vater und meine Mutter in das Zimmer. »So, mein Fräulein, jetzt gelten hier andere Regeln. Und das hast du dir selber zuzuschreiben«, platzte es aus meiner Mutter heraus. »Deine Stullen kannst du dir von nun an alleine schmieren. Wenn du in der Wohnung läufst, wird nicht mehr an die Tapeten gefasst… Du hast uns mit deinen Fettpfoten alles eingesaut, aber das ist endgültig vorbei! Geduscht wird nur einmal in der Woche, und wenn du dir öfter als zweimal im Monat die Haare wäschst, gibt es ein Donnerwetter!«

Blitzartig dachte ich an Omas Worte zurück, die sie am Heiligabend geäußert hatte, als das Weihnachtslied »Stille Nacht« gespielt wurde: »Na, mein Kind, hast du Angst davor, dass bei dir künftig immer ›Stille Nacht‹ ist, weil bei euch ja so oft Schweigen im Walde ist?« Offensichtlich wurde es wirklich wahr: Eine eiskalte, finstere Ruhe brach jetzt an…

IN DIE KNIE GEHEN

DER WINTER BEI SCHUMACHERS ENTWICKELTE sich zu einer Eiszeit, die selbst im Frühling, Sommer und Herbst zu spüren war. Meine Eltern redeten kaum mit mir. Sie ignorierten mich. Es interessierte sie nicht einmal, was ich mit den vielen Dokumenten vorhatte, die jetzt kontinuierlich von der Studiengemeinschaft Darmstadt bei mir ankamen.

Für mich wurde allerdings die »Stille Nacht« auch oft genug zur »Heiligen Nacht«. Ich konnte mich fortbilden und damit in der Welt der Zahlen und Formeln, der Buchstaben und Formulierungen alles um mich herum vergessen. Das Lernen machte mir großen Spaß, und sehr bald bewiesen auch meine Noten, dass die Anforderungen, die an mich gestellt wurden, sehr gut für mich waren. Da ich notgedrungen jetzt meistens in der Stube hockte, hatte ich bereits nach einem halben Jahr die ganzen Aufgaben der elften Klasse erfolgreich bearbeitet…

Unmittelbar am Tag nach meiner Rückkehr hatte Tina Kontakt zu mir aufgenommen. Da sie noch wusste, dass meine Eltern nicht sehr gastfreundlich waren, warf sie solange Steine an die Scheibe meines Fensters, bis ich auf sie aufmerksam wurde. Als ich jenes öffnete, gab es ein freudiges Wiedersehen. Sie hatte den Schieberolli von Tobias mitgebracht und sagte: »Komm', lass' uns Kaffee trinken fahren! Mach' mir hier unten die Tür auf, dann komm' ich zur vierten Etage und helf' dir«, meinte sie beherzt.

Gesprochen, gekrochen.

»Ich kann das gar nicht mitansehen, wie du dich hier quälen musst. Ich finde deine Eltern unmöglich, unmenschlich und unfassbar doof! Entschuldige bitte«, schimpfte Tina.

»Nee, du musst dich nicht entschuldigen. Du hast vollkommen recht«, erwiderte ich, während ich mich in den Rollstuhl quälte.

Im Restaurant schlug ich mir erst einmal den Bauch voll, weil ich großen Hunger hatte. Währenddessen klopfte Tina motiviert mit der Hand auf den Tisch und meinte: »So, jetzt überlegen wir uns einen Schlachtplan, damit du gerüstet bist für den Krieg in den vier Wänden...«

»Na, da müssen wir aber harte Geschütze auffahren: Denn am schlimmsten ist, dass ich mich kaum alleine versorgen kann. Gestern Mittag gab es zwar Kassler mit Sauerkraut. Aber ich saß vor meinem Teller und konnte einfach nichts essen, weil sie es mir nicht mehr mundgerecht schneiden.«

»Was hältst du davon, wenn ich dir Sachen einkaufe, die du in deinem Zimmer alleine verputzen kannst? Kekse, Schokoladenriegel, Äpfel, abgepackte Würstchen – und zum Trinken Tetrapacks mit Strohalmen wären doch gut«, schlug sie vor.

Dann fiel mir ein: »Meine Eltern gehen sogar im Winter dreimal in der Woche in den Garten. Dann könntest du mir – wenn du kannst – die Sachen hereinschmuggeln.«

Als wir das geklärt hatten, gestand ich Tina: »Du, ich habe ja noch 'nen anderen Leckerbissen für dich...« Ich machte eine Pause, um sie auf die Folter zu spannen. »Ich glaub' jetzt auch an Gott!«

»Das ist ja toll! Seit wann? Wie das?«

»Du weißt ja, dass ich eine kurze Zeit mit Thorsten zusammen war. Als er mich aber sitzengelassen hat, habe ich zu Gott gefunden. Zum ersten Mal habe ich die Bibel in die Hand genommen, die ihr mir geschenkt habt. Viel habe ich ja nicht verstanden, aber ein Vers hat mich tief berührt.«

»Welcher denn?«

»›Ich vergesse, was dahinten ist und strecke mich aus…‹ – nach Jesus!«

»Na, der passt ja zu dir! Ich freue mich mit dir…«

»Willst du denn irgendwann mal mit in den Gottesdienst kommen? Das könnte ich ja organisieren.«

Ich erkannte, dass meine Freundin jetzt so in Fahrt war, dass ich daran glaubte, dass ich mit ihrer Hilfe bald zur Kirche fahren konnte…

Nach dem Essen blieb mir natürlich nichts anderes übrig, als bei meinen Eltern erneut zu Kreuze zu kriechen. Während ich mich die Treppen herunterrobbte, kam meine Nachbarin Frau Scholl vorbei. »Jana, was machen Sie denn da?«

»Sie darf ihren Rollstuhl nicht benutzen!«, erklärte Tina ihr. »Die Eltern… die kapieren einfach nicht, dass Jana wirklich nicht mehr laufen kann.«

»Das kann ich mir ja gar nicht vorstellen. Die sind doch immer so freundlich… Kann ich Ihnen vielleicht irgendwie helfen? Kommen Sie doch mal mit ’rein und dann können wir ein wenig erzählen…«

Wir nahmen die Einladung an.

Offensichtlich freute sich die nette, alte Dame über den Besuch.

»Wie gesagt: Mir ist nie aufgefallen, dass Ihre Eltern nicht fürsorglich sind! Was ich mich allerdings schon oft gefragt habe, ist, wie es Ihrem Bruder wohl geht. Den hab’ ich hier ja schon eine Ewigkeit nicht mehr gesehen… Ja, und damals hat es mich auch sehr verwundert, dass Ihre Eltern mit Ihnen wieder in eine Außenwohnung gezogen sind, obwohl auch eine Dreiraumwohnung in diesem Aufgang leer stand, vor der der Fahrstuhl direkt hielt, aber ansonsten…«

»Meine Eltern haben Dirk 'rausgeekelt. Was er heute macht, weiß ich leider nicht…«, deutete ich vorsichtig an. »Ja, und das Verhältnis zwischen meinen Eltern und mir war auch schon immer schwierig…«, sagte ich kurz. Dann sah ich dankbar meine Freundin an. »Tina und ich haben uns vorhin ausgeklügelt, wie mir in Zukunft wenigstens nicht mehr der Magen knurrt…«

»Das tut mir alles so leid! Ich hab' das ja gar nicht gewusst, Jana!«, reagierte die Nachbarin schockiert. »Sie könnten auch immer zu mir zum Mittagessen kommen«, schlug sie hilfsbereit vor.

»Nein, nein«, bedankte ich mich. »Langfristig muss ich nur noch organisieren, wie ich immer zum Arzt komme…«

»Bei wem sind Sie denn in Behandlung?«

»Doktor Hohlzahn ist mein Hausarzt…«

»… der hier in der Straße?«, wollte sie erstaunt wissen. »Bei dem bin ich auch… Wenn er zu mir kommt, könnte er Sie ja auch immer untersuchen. Was meinen Sie?«

»O… wenn das gehen würde: Das wäre richtig klasse, Frau Scholl. Sie sind einsame Spitze!«

Wir verabschiedeten uns vorübergehend, und ich ging hinüber zu meinen Eltern.

In der folgenden Zeit erlebte ich alle Tage wieder eine »Stille Nacht«. Aber gerade dadurch ging mir ständig ein Licht auf: »Gott sorgt für mich!« Die obligatorischen Spaziergänge meiner Eltern ermöglichten es Tina, mir die Lebensmittel vorbeizubringen. Neuerdings fuhren meine Mutter und mein Vater sogar zweimal in der Woche gegen Abend zusammen einkaufen, sodass ich zwischendurch auch ab und an Frau Scholl besuchen konnte. Häufig verwöhnte sie mich mit heißer Schokolade oder einem köstlichen Eis. Sie organisierte sogar, dass ich regelmäßig von Doktor Hohlzahn untersucht wurde, der mir auch sämtliche Medikamente verschrieb.

Eines Tages sagte er energisch: »Jana, Sie brauchen unbedingt Physiotherapie, damit sich Ihr Zustand nicht noch weiter verschlimmert!«

»Wie soll ich denn das noch hinkriegen?«, meinte ich ratlos. »Ich komm' doch nirgends hin – wegen der Treppen.«

Frau Scholl hatte das Gespräch verfolgt. »Der Physiotherapeut kann ja auch hierher kommen. In dem kleinen Zimmer, das ich sowieso nur zum Wäschetrocknen nutze, steht ein großes Gästebett. Da könnte Jana doch behandelt werden!«, sagte sie begeistert. »Das wäre ja auch viel einfacher ...«

Beschlossen, genossen.

Von nun an kam eine Physiotherapeutin montags und freitags gegen halb fünf zu Frau Scholl, die mich kräftigte, durchbewegte und massierte. Diese Zeiten waren für mich eine Wohltat für meinen Leib.

Als treue Seele holte Tina mich – wie versprochen – eines Tages zusammen mit ihrem Bruder zum Gottesdienst ab. Beide waren extra in dem hellblauen Wartburg ihrer Eltern vorgefahren, um mich – in doppelter Hinsicht – einzuladen.

Als Tina gegen neun Uhr unten läutete, hörte ich sie durch die Sprechanlage sagen: »Wir sind's ... Machst du auf? Dann kommen wir direkt zu dir hoch!«

Sie setzten mich in den geliehenen Rollstuhl und rollten ihn – wie selbstverständlich – Stufe für Stufe die drei Etagen herunter. Meine Eltern guckten uns schweigend hinterher. Sie machten große Augen, bevor erbost die Tür ins Schloss flog, um uns zu demonstrieren, dass sie auch künftig gegen meine Autonomie demonstrierten.

Es beeindruckte mich, dass sich der große, schlanke Brillenträger nicht zu schade war, sich an dem Rollstuhl die Hände schmutzig machen zu können – zumal er einen schwarzen Anzug mit einer roten Krawatte trug. Er war so offenherzig wie seine Schwester, die mich während der Fahrt mit einem Kaffee und einer Scheibe Brot versorgte.

Als wir vor der Kirchgemeinde parkten, war ich zwar gesättigt, aber immer noch lebenshungrig. Ich freute mich darauf, Gottes Liebe zu erleben und eigene Erfahrungen mit Jesus zu sammeln …

Ohne Frage war vieles für mich fremd in diesem großen Saal. Vor allem kannte ich – außer Tina und Christof – ja keinen einzigen Menschen, obwohl mich sogar einige Leute per Handschlag begrüßten.

Ich verstand von den Texten der altmodischen Lieder nicht viel, die der Chor oder die ganze Gemeinde sangen. Und auch die lange, laute Gebetsgemeinschaft war für mich ungewohnt. Aber dafür ging mir der Bibelvers, über den der Pastor predigte, unter die Haut. Er hieß: »Ich habe dich je und je geliebt, darum habe ich dich zu mir gezogen aus lauter Güte« (Jeremia 31,3). Ich erfuhr, dass Gott mich schon auserwählte, bevor er die Welt schuf. Er erdachte mein Lebensumfeld, das Aussehen. Meine Charakterzüge, Stärken und Schwächen, Begabungen und Grenzen legte er fest. Zum ersten Mal in meinem Leben hörte ich: »Ich bin ein absolutes Wunschkind – einmalig, bedingungslos geliebt. Er verstößt mich nicht, weil ich behindert bin. Im Gegenteil – gerade deshalb will er bei mir sein, mich unterstützen und trösten!« Und das war so sicher wie das Amen in der Kirche …

Auf der Rücktour war ich in Gedanken versunken. Gottes Wort hatte mich überwältigt. Ich fühlte mich wie eine Blinde, der es soeben wie Schuppen von den Augen gefallen war. Plötzlich leuchtete es mir ein: »Ich bin von Gott begnadigt.«

Mit neuer Energie brachten Tina und Christof mich wieder nach Hause. Meine Eltern erwarteten mich schon. »Na, gnädige Frau, sind wir auch mal wieder da? Kannst du uns mal sagen, welcher Arsch dir denn ins Gehirn geschissen hat, dass du jetzt auch noch zur Kirche rennst!«

Ich war es leid. Durch den Gottesdienst bestärkt, brach es zum ersten Mal aus mir heraus: »Rennen geht ja wohl gar nicht bei mir – und vielleicht habe ich das ja sogar euch zu verdanken …«

Rasend vor Wut schrie mein Vater mich an: »Ich hab' die Schnauze gestrichen voll von dir, du undankbare Göre! Damit eins klar ist: Sonntags hast du Stubenarrest!«

»Nur sonntags?«, dachte ich kritisch, während ich mich in mein Zimmer verkroch und die Bananen vertilgte, die Tina mir mitgegeben hatte. »Ich sitze hier doch schon lange nur bei Wasser und Brot. Es ist wie in einem Gefängnis …«

Meine Eltern behandelten mich total erbärmlich; doch Gott hatte Erbarmen mit mir. So oft hörte ich die Drohung »Gnade dir Gott …«; aber ich merkte schon ab und an, dass Gott gnädig war. Von klein auf unterschätzten meine Eltern mich: dafür gab Gott mir allerdings unendlich viel Wertschätzung. Wie waren diese krassen Gegensätze miteinander zu vereinbaren? Wie lange konnte ich dieses Für und Wider noch ertragen?

Um mich selbst wieder ein bisschen zu finden, suchte ich umgehend meine liebe Nachbarin auf. Ich hoffte, dass diese kultivierte Frau ein offenes Ohr für mich hatte. Als ich mich bei ihr bemerkbar gemacht hatte, sah sie sofort, dass etwas nicht stimmte.

»Was ist los?«, wollte Frau Scholl wissen.

»Ach, vor anderthalb Stunden erlebte ich noch den Himmel auf Erden. Aber dann kam ich nach Hause und plötzlich war die Hölle los«, berichtete ich verzweifelt.

»Das müssen Sie mir gleich genauer erklären!«, meinte Frau Scholl. »Aber – ich bin gerade dabei, mir zwei Spiegeleier in die Pfanne zu hauen. Möchten Sie auch welche?«, fragte sie mich, während sie auf die Uhr sah, die verriet, dass es halb eins war.

Ich schüttelte den Kopf.

»Würde es Ihnen etwas ausmachen, wenn wir auf dem Balkon essen?«, erkundigte sich die alte Dame zögerlich bei mir. »Hier drinnen ist es so stickig und dort weht wenigstens ein kleines Lüftchen ...«

»Ich helfe Ihnen auch nach draußen.«

»Nein, das müssen Sie nicht. Gehen Sie ruhig in die Küche. Das schaff' ich schon«, überredete ich sie.

»Einverstanden, ich beeile mich auch, und wenn ich fertig bin, erzählen Sie mir ausführlich, was los ist, ja?«, sagte die herzensgute Frau.

Als ich mein Ziel erreicht hatte, setzte ich mich erschöpft in den bequemen Schaukelstuhl, der in der Ecke stand. Ich ruhte mich aus. Im Grunde konnte ich erst jetzt bewusst wahrnehmen, wie herrlich dieser Sommertag im Juli 1990 war. Alles schien hier so friedlich zu sein, bis ich mit einem Mal die Stimmen der Nachbarn vernahm, die ich sehr gut kannte. Meine Eltern, die auch den Balkon betreten hatten, unterhielten sich unüberhörbar miteinander.

Ich lauschte …

»… nur Ärger mit dem Gesindel. Erst der eine, der einen dauernd auf die Palme gebracht hat, und nun diese olle Tussi …«, gab mein Vater zum Besten.

»So aufmüpfig wie heute is' die noch nie gewesen … Meinst du, die weiß es? Die hat so 'ne komische Andeutung gemacht«, sagte meine Mutter ängstlich.

»Glaub' nicht, aber wenn mein Vater gequatscht hat, dann erwürge ich den«, betonte mein Vater entschlossen.

»Stell dir mal vor, wenn die beiden ihr alles erzählt haben? Dann kann sie …«

Nun kam Frau Scholl auf den Balkon. »Ich bin fertig …«, sagte sie laut und liebevoll, während sie den Teller mit Spiegeleiern in der Hand hielt.

Ich legte meinen Zeigefinger auf die Lippen, um ihr verständlich zu machen, dass sie nichts sagen sollte. Indem ich den Kopf ein paar Mal nach rechts bewegte, deutete ich nur an, dass ich meine Eltern miteinander reden hörte.

Behutsam stellte die Gastgeberin das Geschirr auf den kleinen Tisch, bevor sie sich ganz leise auf den Hocker setzte, der sonst nur dazu diente, dass sie ihre Beine hochlegen konnte. Dann spitzte auch sie ihre Löffel. Aber nebenan waren meine Eltern schlagartig ruhig. Als sie mitbekommen hatten, dass sich ihre Nachbarin auch auf dem Balkon befand, verschwanden sie stillschweigend in der Wohnung.

»Hätte ich das gewusst …«, flüsterte Frau Scholl bedauernd. »Nun hab' ich sie mit meinem Geplapper verscheucht.«

»Ich habe genug gehört«, meinte ich leise. »Das war vielleicht aufschlussreich … Gut, dass sie nicht wissen, wer Sie hier besucht …«

»Was war denn los?«, fragte Frau Scholl ungeduldig.

Ich schüttelte den Kopf und schaute in die Wohnstube, um ihr zu zeigen, dass es ungünstig war, an dieser Stelle weiterzureden.

Sie schlang ihr Mittagessen förmlich herunter, und wir machten uns auf, um uns auf das Sofa zu begeben. Dann erzählte ich ihr, was ich gerade gehört hatte.

»Ach, du meine Güte, was haben die denn nur für ein dunkles Geheimnis? Warum darf Ihnen Ihr Großvater nichts erzählen? Was ist denn damals nur vorgefallen?«, fragte meine Nachbarin laut.

Während sie außer sich war, war ich auf einmal in mich gekehrt. »Je mehr ich darüber nachdenke, desto mehr Angst macht es mir, gleich wieder in die elterliche Wohnung zurückzukehren. »Mit denen unter einem Dach…«, stöhnte ich irgendwann. »Da kriege ich doch einen Dachschaden!«

Ich rief von Frau Scholl aus Tina an.

Sie war unsagbar traurig und sprachlos. »Das muss ich erst mal sacken lassen«, gestand sie, nachdem ich ihr erzählt hatte, was mir auf dem Balkon zu Ohren gekommen war. »Pass auf, Jana: Morgen komme ich ja sowieso bei dir vorbei. Und – bis dahin überlege ich mir etwas, okay? Aber ich fürchte, dass du nun noch einmal in die ›Höhle des Löwen‹ gehen musst. Sei mutig und stark! Fürchte dich nicht!«

WEGFÜHREND

AM DARAUFFOLGENDEN TAG KAM TINA – wie verabredet – zu mir, um mir neue Fressalien vorbeizubringen. Außerdem hatte sie mir ihren Walkman und Kassetten von den letzten drei Gottesdiensten mitgebracht. »Das ist vielleicht eine kleine Ablenkung, falls du im Moment keinen Nerv hast, um zu lernen«, meinte sie.

»Ach, Tina, was würde ich nur ohne dich machen?«, sagte ich dankbar.

Sie berichtete mir, dass sie am Vorabend auch Tobias anvertraut hatte, was bei mir los war.

»Und was meint er?«, wollte ich wissen.

»Du, ihm kam sofort der Gedanke, dass du übergangsweise in dem Lehrlingswohnheim bei ihm unterkommen könntest. Da gibt es Besucherzimmer… Du wärst versorgt. Und – dein Abi kannst du auch dort machen! Wenn du willst, fragt er bei der Heimleitung einmal nach…«

»In Rostock? Da machen meine Eltern doch nie mit. Ich bin ja noch nicht 18«, wandte ich ein.

»Vielleicht ja doch…« Tina ergriff liebevoll meine Hand. »Du siehst doch auch ein, dass es so nicht weitergeht, oder?«, fragte sie mit Nachdruck. »Jeder weiß das, der deine Geschichte kennt! Und – meinst du, dass Gott will, dass dich diese Menschen hier permanent in die Knie zwingen? Er möchte, dass du aufrecht durchs Leben gehst. Wenn du dich überhaupt beugen sollst, dann nur vor ihm und seinem Willen… Denn der ist echt gut!«

Den ganzen Abend dachte ich über den Vorschlag von Tina und Tobias nach. Ich zweifelte: »Was soll ich in einer fremden

Stadt – ganz allein? Komme ich ohne die Hilfe anderer Menschen überhaupt eine Zeit lang aus?« Instinktiv setzte ich die Kopfhörer auf und lauschte den Kassetten, die Tina mir ausgeliehen hatte. Das Thema des dritten Gottesdienstes klang wie Musik in meinen Ohren. Denn schon das Lied, das der Kinderchor zu Beginn sang, ließ mich aufhorchen. Es hieß: »Geh, Abraham, geh, mach' dich auf den Weg. Gott zeigt dir neues Land!« Ich dachte: »Das ist Fügung – die Antwort auf all meine Fragen!« Noch deutlicher wurde mir das, als der Pastor über den folgenden Bibelvers predigte: »Geh aus deinem Vaterland und von deiner Verwandtschaft und aus deines Vaters Hause in ein Land, das ich dir zeigen will. Und ich will dich zum großen Volk machen und will dich segnen und dir einen großen Namen machen, und du sollst ein Segen sein. Ich will segnen, die dich segnen, und verfluchen, die dich verfluchen« (1. Mose 12,1–4). Mir wurde schlagartig klar: »Gott hat eben zu mir gesprochen: Ich soll gehen! Also: Gehe ich ... Denn – seine vielen Versprechen klingen vielversprechend.«

Gott wollte also, dass ich mich auf den Weg machte. Ich sollte weg von meinen Eltern. Ich zweifelte nicht mehr an seiner Verheißung, dass er es gut mit mir meinte. Und auch Oma und Opa hatten keine Zweifel. »Kind, wenn du dich auf den Weg machst, wirst du deinen Weg schon machen«, meinten sie.

Tobias konnte mir tatsächlich ein Gästezimmer in dem Wohnheim reservieren, in dem er lernte. Nach seinen Angaben war es ungefähr zehn Quadratmeter groß. Darin standen ein Bett, ein Kleiderschrank, ein Tisch ... Das war alles, was ich vorläufig brauchte. Die Kosten für die Unterkunft wollten meine Großeltern übernehmen. Nichts stand meinem Neuanfang also mehr im Weg, oder?

Am Abend des 31. August 1991 kroch ich ein letztes Mal vor das Wohnzimmer meiner Eltern. Bevor ich ganz langsam die Tür öffnete, betete ich kurz: »Lieber Gott, bitte gib mir jetzt alle Kraft, die ich brauche! Du hast zu mir gesagt: ›Geh.‹ Und nun geh' bitte mit und lass mich nicht allein. Amen.«

»Vati, Mutti, morgen werde ich ausziehen! Ich werde nach Rostock ziehen …«, sagte ich bestimmt.

»Auf Wiedersehen! Reisende soll man nicht aufhalten«, antwortete meine Mutter schroff, wobei sie aufmerksam die Sendung im Fernseher verfolgte, ohne mich auch nur einmal anzusehen.

Hinterher lachte mein Vater hämisch: »Ohne uns wirst du sowieso nur in der Gosse enden. Du brauchst uns doch …«

Meine Eltern konnten immer noch nicht glauben, dass ich am nächsten Tag offenbar wahr machte, was ich ihnen am Abend zuvor offenbart hatte. Denn um neun Uhr standen Christof und Christina vor der Wohnungstür, um mich abzuholen. Mein wichtigstes Hab und Gut hatten sie bereits bei Frau Scholl abgeholt und im Auto verstaut.

»Was wollt ihr denn hier?«, fragte mein Vater die beiden von oben herab.

Christof sagte freundlich: »Guten Tag, Herr Schumacher, wir wollen nur Jana abholen …«

»Was fällt euch ein?«, fauchte er sie an. »Ihr zwei Pappnasen, was maßt ihr euch eigentlich an: Ihr wisst doch gar nicht, wie wir uns das ganze Leben für Jana aufgeopfert haben«, schrie er sie an.

Tina kochte und es platzte aus ihr heraus: »Wer hier wohl das Opfer ist …?«

Aus meinem Zimmer kommend kroch ich an meinem Vater vorbei und bemerkte angestrengt: »… das sieht man doch wohl!«

Kleinlaut ließ er mich ziehen. Aber er zog seine Konsequenzen und kam wenige Minuten später zum Auto, in das ich gerade einsteigen wollte. Mit zorniger Stimme gab er mir mit auf die Reise: »Mein Fräulein, das wirst du noch bereuen. Eines Tages wirst du auf Knien rutschend vor unserer Tür liegen. Doch – dann ist es zu spät. Wir wollen dich nie wieder sehen!«

Nun wusste ich, dass es kein Zurück mehr geben würde… Mein einziger Trost war, dass Gott mich nicht nur für immer von meinen Eltern wegführte, sondern dass er mir versprochen hatte, dass er mich auf dem ganzen Weg führte…

WIE NEUGEBOREN

NACH DIESER ABFUHR FUHREN WIR ab, ohne uns noch einmal umzudrehen. Christof, Tina und ich waren richtig geschockt, dass sich mein Vater so dermaßen vergessen konnte. Während der Fahrt buchstabierte ich daher immer wieder den Bibelvers, mit dem ich zu Gott gefunden hatte: »Ich vergesse, was dahinten ist, und strecke mich aus nach Jesus ...« (nach Philipper 3,13).

Tina erinnerte mich an die große Verheißung, die Gott mir auf den Weg mitgegeben hatte: »›Geh aus deinem Vaterland und von deiner Verwandtschaft und aus deines Vaters Hause in ein Land, das ich dir zeigen will. Und ich will dich zum großen Volk machen und will dich segnen und dir einen großen Namen machen, und du sollst ein Segen sein. Ich will segnen, die dich segnen, und verfluchen, die dich verfluchen‹ (1. Mose 12,1–4). Wer weiß, was Gott noch mit dir vorhat?«, ermutigte sie mich. »Ach, ich bin schon so gespannt!«

Ich war angespannt.

Als wir einige Zeit später durch Rostock fuhren, merkte ich, dass diese Stadt einen ganz besonderen Charme hatte. Sie war klein, fein und irgendwie sofort »mein«. Auch das Zimmer, in dem ich Unterschlupf fand, lud zum Wohlfühlen ein. Tina half mir, meine Sachen zu verstauen, bevor sie noch einmal zu ihrem Liebsten ging und am späten Abend – zusammen mit ihrem Bruder – zurück nach Leipzig fuhr.

»Danke für alles, was ihr, was du für mich getan hast«, hatte ich noch gesagt.

»Das klingt ja wie Abschied nehmen!«, meinte meine Freundin.

»Nee, nee, jetzt habe ich doch zwei Goldschätze im hohen Norden. Da lohnt sich das Herkommen doppelt.«

Endlich sah ich auch meinen treuen Kumpel Tobias wieder. »Na, altes Haus, hast in den letzten Monaten ja 'ne Menge Pech gehabt«, begrüßte er mich am nächsten Morgen.

»... aber auch viel Glück«, resümierte ich. »Danke, dass du das hier für mich organisiert hast. Jetzt kann ich in aller Ruhe überlegen, wie's weitergeht...«

Wir hatten viel nachzuholen. Deshalb redeten wir stundenlang, tagelang über Erlebtes, über Träume und Ängste, was unheimlich gut tat. Trotzdem kam ich mit dem Lernen gut voran. Anfang Oktober konnte ich meine Prüfungen ablegen, sodass ich kurz vor meinem Geburtstag das Abitur in der Tasche hatte...

Am 28. Oktober 1990 wurde ich überraschend mit einem Ständchen geweckt: »Wie schön, dass du geboren bist! Wir hätten dich sonst sehr vermisst. Wie schön, dass wir beisammen sind. Wir gratulieren dir, Geburtstagskind!« Oma und Opa hatten Wort gehalten. »Ob wir dich nun in Leipzig oder Rostock besuchen, ist doch egal!«, behaupteten sie. »Hauptsache, wir sind zusammen!« Das dachte ich auch.

Während wir zusammen frühstückten, überreichten sie mir eine kleine Schatulle. Zum Vorschein kam eine Kette mit einem Herzanhänger aus Gold. »Wow, die ist aber schön... Danke!«

»Du sollst immer wissen, dass wir ein Herz für dich haben«, erklärte Oma, während sie sie mir umlegte.

Opa sprach weiter: »Kindchen, da du heute ja volljährig bist, richten wir dir zunächst einmal ein eigenes Konto ein...«

Ich unterbrach ihn. »... tolle Idee, aber das geht nicht. Dazu braucht man doch einen Personalausweis, oder? Meine Eltern haben all meine Dokumente behalten«, machte ich den beiden klar.

»Das darf doch nicht wahr sein!«, sagte Opa verärgert. »... und von deinem Pflegegeld leben sie auch immer noch?«

Ich nickte nur.

»O, ich könnte ... Jahrelang haben sie die Hand aufgehalten, aber keinen Finger dafür krumm gemacht.«

»So, mein Kind, davon lassen wir uns aber nicht abbringen ... Am besten schreibst du heute noch das Standesamt in Wahren an, wo du geboren bist, und bittest darum, dass man dir eine Kopie deiner Geburtsurkunde schickt. Damit können wir dann alles Weitere veranlassen«, sagte er forsch.

Bereits am Vormittag setzte ich mich an die Schreibmaschine und verfasste einen kurzen Brief an die zuständige Behörde. Fünf Tage später kam eine Rückmeldung. Ganz gespannt öffneten wir den Umschlag. Wir trauten unseren Augen kaum. Denn darin stand, dass ich am 27. Oktober 1972 zur Welt gekommen war – also einen Tag eher als gedacht. Nun verstanden wir drei gar nichts mehr ...

Meine Großeltern verlängerten ihren Aufenthalt, weil ich mich erneut mit der Behörde in Verbindung setzten musste. Das war eine große Erleichterung für mich. Denn einige Tage später schickte die Beamtin mir nur eine weitere Urkunde, in der zu lesen war, dass ich am 28. Oktober Geburtstag hatte. Selbst als ich daraufhin mit der zuständigen Person telefonierte, konnte keine unserer Fragen geklärt werden. Wie war es möglich, dass beide Dokumente nebeneinander existierten? War ich vielleicht genau um Mitternacht zwischen den beiden Tagen geboren? In einem weiteren Anruf erfuhr ich, dass ich am Vormittag um 8.59 Uhr zur Welt gekommen war, aber an welchem der beiden Tage wusste die Beamtin leider auch nicht.

Wenigstens war ich jetzt im Besitz »einer« Geburtsurkunde ... Bevor Oma und Opa auscheckten, konnten wir für mich noch ein eigenes Konto einrichten. Wir legten dabei das Schriftstück mit dem 28. Oktober vor, weil wir ja schon immer davon ausgingen, dass ich an diesem Tag geboren war. Nachdem wir die Bank erfolgreich verließen, setzten wir uns auf eine Bank in einem Park.

»Also, mein Kindchen, die Zeit hier mit dir war richtig schön«, meinte Opa wehmütig. »Wir haben gesehen, wie toll du dein Leben meisterst. Und genau deshalb haben Omi und ich Folgendes beschlossen: Wir stellen dir 150 000 Mark zur Verfügung – keinen Pfennig mehr und keinen weniger. Überlege dir gut, wie du das Geld optimal investierst, um deine Lebenssituation zu verbessern!« Er fügte hinzu: »Sieh dich hier nach einer schönen Wohnung um und wenn du eine findest, die dir gefällt, dann kaufen wir die!«

»Aber – ich komme doch nicht allein klar?«, entgegnete ich.

»Na, das ist ja nur eine Frage der Organisation«, ermutigte Oma mich. »Deine Hausaufgabe für die nächste Zeit ist, bei der Krankenkasse und der Rentenversicherung Anträge zu stellen, damit das Geld zukünftig auf dein Konto überwiesen wird. Und damit kannst du dir Unterstützung leisten. Du suchst dir jemanden, der all das macht, was du alleine nicht schaffst.«

»Ihr seid verrückt! Nein, ihr seid die Besten!«, entgegnete ich, während ich die zwei gleichzeitig umarmte. »Auf euch kann man wirklich Häuser bauen!«

Inständig bat ich die zuständigen Dienststellen schriftlich, dass sie ab sofort die Gelder auf mein eigenes Konto überweisen sollten, die mir zustanden. Als diese das anstandslos befürworteten, war ich froh.

Aber irgendwie fühlte ich mich auch einsam. Die Tage mit Opa und Oma waren viel zu wertvoll, sodass ich mir wünschte, dass sie immer bei mir wären. Ich sehnte mich nach Familie – nach meiner Familie. Auf einmal musste ich an meinen großen Bruder denken. »Wie es ihm wohl inzwischen ergangen ist? Ob er manchmal auch an mich denkt?«, fragte ich mich. »Vielleicht sollte ich es wagen, mit ihm Kontakt aufzunehmen? Wir beide haben mit unseren Eltern so viel durchgemacht... Das müsste uns doch eigentlich zusammenschweißen wie Pech und Schwefel!«

Am selben Abend erzählte ich Tobias von meinen Gedanken und Gefühlen. Er fasste zusammen: »Tja, egal, wie gut oder schlecht uns die Familie auch immer behandelt hat – wir sehnen uns nach ihr. Sie ist ja auch ein Teil von uns. Aber Gott ist doch auch noch da. Weißt du eigentlich, wie sehr er dich liebt?«, erinnerte Tobias mich. »Für ihn bist du so wertvoll, dass er sogar all deine Haare auf dem Kopf gezählt hat. Nicht nur das steht in der Bibel, sondern auch, dass er dich trösten will wie eine ›vernünftige‹ Mutter.« Er guckte sich nach seiner Bibel um. Als er fündig geworden war, schlug er eilig und unbeirrt eine bestimmte Stelle auf. »Schau mal, hier in Psalm 27, Vers 10 steht: ›Denn mein Vater und meine Mutter verlassen mich, aber der Herr nimmt mich auf.‹«

»Der passt ja haargenau zu mir …«, staunte ich. »Wo steht der?«

»Psalm 27, Vers 10«, wiederholte Tobias.

»Fällt dir was auf? Das ist mein Geburtsdatum!«

»Stimmt … Ja, aber du hast doch vielleicht auch am 28. Oktober Geburtstag!«

»Guck doch mal nach, was da steht«, bat ich ihn.

»Das ist ja wirklich Wahnsinn. Den gibt's gar nicht! Psalm 28 hat nur neun Verse. Will dir Gott etwa was damit sagen?« Tobias wurde unruhig. »Warte, jetzt will ich mal wissen, was in Sprüche 27, Vers 10 steht …« Er blätterte weiter und sah mich ungläubig an. »Das glaub' ich ja nicht … Da heißt es: ›Von deinem Freund und deines Vaters Freund lass nicht ab. Geh nicht ins Haus deines Bruders, wenn dir's übel geht. Ein Nachbar in der Nähe ist besser als ein Bruder in der Ferne.‹«

»Manchmal habe ich echt an Gott gezweifelt, aber das jetzt … puh, haut mich um! Scheinbar sorgt er sich wirklich um mich.« Ich war total baff. »Wir brauchen überhaupt keine Geburtsurkunde! Dass ich am 27. Oktober geboren wurde, steht schon in der Bibel. Ist das nicht der Hammer? Ich habe endlich Klarheit. Was meine Eltern mir nie verraten wollten, teilt mir Gott auf so einem grandiosen Weg mit!«

Tobias war sprachlos. »Das kann ich selber kaum fassen. Um ehrlich zu sein – ich bin auch total platt.«

»Und weißt du, was die Krönung ist: Er sagt mir sogar, dass mein Bruder mir nicht gut tun würde! Ich habe dich, Tina und meine Großeltern. Das ist viel mehr wert als alles andere …«

Mein Leben lang war ich zwischen Baum und Borke gestanden. Ich kam mir vor wie ein Blatt im Wind – ohne Wurzeln. Stets und ständig hatte ich die Antworten auf all meine existenziellen Fragen bei meinen Eltern gesucht. Dabei war ich allerdings nie auf einen grünen Zweig gekommen. Doch nun gab der Vater im Himmel mir ein eindeutiges Zeichen seiner Liebe und eine neue Identität! Ich fühlte mich daraufhin wie neugeboren. Mir schien, als ob ich – in der Tat – soeben das Licht der Welt erblickt hatte!

WAS (M)ICH AUFBAUTE

DURCH DIE OFFENBARUNG, DASS ICH am 27. Oktober Geburtstag hatte, wuchs mein Vertrauen zu Gott enorm. Mir war bewusst geworden, dass ich auf ihn bauen konnte! Ich war so sehr aus dem Häuschen, dass ich mir inzwischen ein eigenes Traumschloss malte. Ausgestattet war es mit einem großen Wohnzimmer, einem Schlafraum mit zusätzlichem Platz für einen Schreibtisch, einer schnuckeligen Küche, einem geräumigen Bad mit Wanne und einem einladenden Balkon zur Südseite. Als Krönung sollte es natürlich über einen Aufzug verfügen, damit ich nicht unten wohnen musste...

Ich zögerte nicht lange und durchforstete die Anzeigen im Immobilienmarkt. Schon nach kurzer Zeit hatte ich die richtige Wohnung gefunden. Sie bot alles, was mein Herz begehrte, aber leider sprengte sie das Budget, das meine Großeltern mir zur Verfügung gestellt hatten. »150 000 Mark, keinen Pfennig mehr und keinen weniger«, hatten sie gesagt. Aber dieses Prachtstück kostete leider 190 000 Mark.

»Warum wendest du dich nicht an den Behindertenverband der Stadt? Der kann dich vielleicht unterstützen«, schlug Tobias vor.

Angeregt, dargelegt.

Bereits wenige Tage später erklärte ich der Behindertenbeauftragten mein Anliegen. Sie war total beeindruckt. »So etwas habe ich bisher ja noch nie erlebt – dass jemand, der im Rollstuhl sitzt, eine Eigentumswohnung sucht«, meinte sie. Dann überlegte sie. »Wenn Sie sich dazu bereit erklären, dass andere behinderte Menschen diese Wohnung besichtigen dürfen, würden wir Sie gern finanziell unterstützen. Unser Budget umfasst 40 000 Mark, die bald verfallen, weil das Jahr zu Ende geht. Ist das okay?«

»Ja, ja, das ist genau die Summe, die fehlt. Es wäre toll, wenn Sie mir helfen! Und – natürlich kann mein neues Zuhause als Musterwohnung begutachtet werden«, erwiderte ich freudestrahlend. Daraufhin bedankte ich mich nicht nur bei dieser guten Frau, die mir die Zusage gegeben hatte, sondern vor allem auch bei Gott: »Wenn ich mich auf dich verlasse, bin ich nicht verlassen«, sagte ich freudestrahlend zu ihm.

♪   ♫

Gott hatte also die Weichen gestellt: Der Verein bekam freie Bahn, damit er Zug um Zug die Umbauarbeiten in meiner Wohnung in dem Mehrfamilienhaus vornehmen konnte. Schließlich sollte sie noch vor Weihnachten bezugsfertig und bezahlt sein! Der Fahrstuhl musste vergrößert werden, damit ich mit meinem Rollstuhl hineinpasste. Nicht nur die Hauseingangs-, sondern auch die Kellertür wurden mit einer Elektronik versehen, sodass es mir später möglich war, sie per Knopfdruck zu öffnen und wieder zu schließen. Die Fenstergriffe wurden so versetzt, dass ich problemlos hinkam. Türen mussten verbreitert werden. Und im Badezimmer wurden mehrere Haltegriffe angebracht, damit ich mich darauf abstützen konnte.

Dann war es endlich soweit: Sieben Tage vor Heiligabend 1990 konnte ich einziehen. Meine Großeltern gingen mir beim Einrichten zur Hand. Opa übernahm die groben Arbeiten, wie zum Beispiel das Anbringen der Garderobe und Regale oder das Anschließen der Waschmaschine. Oma und ich verschafften der Wohnung unterdessen den Feinschliff mit Kunstblumen, Kissen, Bildern und Büchern.

Pünktlich zu den Feiertagen sah die Wohnung schon richtig aus wie im Bilderbuch. Das Fest konnte also eigentlich gar nicht schöner werden ... Und dennoch schafften es meine Großeltern, das Ganze noch zu übertrumpfen – mit einem Überraschungsgast: Sie hatten Frau Scholl – meine ehemalige Nachbarin – eingeladen. Und so verbrachten wir zusammen die Feiertage gemütlich in meinen eigenen vier Wänden.

Auch im neuen Jahr blieb eines beim Alten: Ich dachte viel an meine Eltern. Irgendwann entschied ich mich, ihnen und meinem Bruder auf einer ansprechenden Karte noch ein letztes Mal gute Wünsche auszurichten und ihnen meine neue Adresse und Telefonnummer bekanntzugeben – mit dem Hintergedanken, dass es nun an ihnen lag, sich mit mir in Verbindung zu setzen, weil uns doch eigentlich so viel miteinander verband ...

Schon nach wenigen Tagen klingelte mein Telefon. Mein Herz klopfte heftig, als ich den Hörer in die Hand nahm. »Hallo, Frau Schumacher, hier ist Herr Winkler vom Behindertenverein«, vernahm ich. »Wir hatten doch vereinbart, dass wir Ihre Wohnung als Vorführobjekt präsentieren können. Ich hätte eine Gruppe von Sozialpädagogen, die sich im Rahmen eines Projekts gerne einmal anschauen würden, wie Sie leben. Hätten Sie Zeit?«

»Na klar, die Leute können kommen ...«, erwiderte ich.

In den nächsten Wochen war der Andrang größer als erwartet, die Wohnung zu besichtigen. Viele Leute wollten mehr über mein Leben erfahren. Sogar Journalisten zeigten Interesse. In ihren Zeitungen wollten sie auf das Projekt aufmerksam machen, um junge und ältere Rollstuhlfahrer zum Nachdenken über ihre Möglichkeiten anzuregen. Durch den Trubel fühlte ich mich wie ein kleiner Star, für den Gott die Sterne vom Himmel geholt hatte.

VOM UNTERNEHMEN

NACH UNGEFÄHR EINEM HALBEN JAHR war der große Ansturm vorbei. Und bei mir selbst war irgendwie die Luft raus…

Einerseits freute ich mich, dass ich ab jetzt genug Ruhe hatte, damit ich mich meinem Studium widmen konnte. Andererseits war mir klar, dass ich eine Möglichkeit suchen musste, wie ich künftig optimal versorgt wurde.

Im Internet wurde ich fündig: Es gab seit Jahren das Forum für selbstbestimmte Assistenz. Dahinter steckte die grandiose Idee, dass behinderte Menschen eine Firma gründeten, in der sie in eigener Regie Pflegekräfte einstellen konnten, die vom Sozialamt bezahlt wurden. Ein kleiner Paragraf im Sozialgesetzbuch bildete die Grundlage dafür. Bisher machten nur Leute aus den alten Bundesländern davon Gebrauch.

Ich war begeistert. »Das ist die Lösung meines Problems«, jubelte ich. »Meine Eigenständigkeit muss ich gar nicht aufgeben. Ich brauche nur – im wahrsten Sinne des Wortes – ein wenig betriebsam werden.« Ohne lange zu zögern, beantragte ich bei der Behörde acht Stunden Assistenz pro Tag. Doch der Antrag wurde abgelehnt, sodass ich prozessieren musste.

Am Tag der Verhandlung war ich mehr als nervös. Die Verteidiger des Sozialamtes behaupteten zum Beispiel konsequent, dass es genügt, wenn ein Pflegedienst für mein leibliches Wohl sorgte. Außerdem könnten die Familie und Freunde mir zur Hand gehen. Aber meine Anwältin hielt dagegen, dass ich nicht als Bittstellerin durch das Leben fahren musste, sondern dass ich selbst bestimmen könnte, wer mir wobei hilft. Drei Richter hörten aufmerksam zu, als das Für und Wider erörtert wurde.

Zuletzt durfte ich mich äußern. Allen machte ich klar: »Ich weiß ganz genau, was ich möchte: nämlich ein Leben führen wie jede und jeder von ihnen. Wenn ich das zumindest in Zukunft acht Stunden am Tag darf, dann ist nicht nur mir damit geholfen. Denn das sogenannte Assistenzmodell schafft auch Arbeitsplätze – obwohl es zweifellos eine Menge Geld kostet. Jedenfalls wünsche ich mir, dass ich weiterhin an meinem Lebensmotto festhalten kann: Ich fühle mich nicht behindert, und ich möchte auch nicht behindert werden!«

Im Anschluss zogen sich die Richter zur Beratung zurück. Aber sie einigten sich schnell. Denn bereits nach zehn Minuten ging die Verhandlung weiter. Ein Richter sprach ehrfurchtgebietend: »Im Namen des Volkes ergeht folgendes Urteil: Frau Jana Schumacher werden acht Stunden Assistenz am Tag zugesprochen. Die Kosten des Verfahrens übernimmt das Amt für Jugend und Soziales!« Im Anschluss machte er deutlich, dass dieses Urteil gefällt werden musste, weil ich eine Menge Stehvermögen bewiesen hatte, obwohl ich körperlich kaum noch zu stehen vermochte!

Das Gerichtsurteil wurde publik. Auch Silke – meine ehemalige Klassenkameradin – hatte von meinem Sieg gehört. »Dein Präzedenzfall öffnet allen Behinderten in den neuen Bundesländern ja echt Türen und Tore, um selbstbestimmt leben zu können«, meinte die Überraschungsanruferin. Ich erfuhr von ihr, dass sie nach der Wende ihr Abitur im Eiltempo nachgeholt hatte und im Rahmen ihres Germanistikstudiums ein Praktikum bei einer Zeitung machte. »Darf ich dich besuchen kommen und einen Artikel über diese Sensation schreiben?«, fragte sie mich.

Silke und ich verbrachten schöne Stunden miteinander. Sie quetschte mich regelrecht aus, wie ich auf das Arbeitgebermodell gekommen war und warum ich mich entschieden hatte, dafür sogar vor Gericht zu kämpfen. Zum Schluss fotografierte sie mich in mehreren Lebenslagen. »Komm, fahr' doch noch mal auf deinen schönen Balkon. Dann knipse ich dich mit dem imposanten Wasserturm im Hintergrund. Das wird bestimmt ein tolles Bild«, meinte Silke.

Geflitzt, geblitzt.

Anschließen fuhr meine alte Schulkameradin wieder nach Ludwigslust, wo sie fröhlich mit ihrem Freund lebte.

Nach Silkes Abreise gab ich in der Zeitung sofort eine Annonce auf, um zwei Assistentinnen zu finden, die sich wochenweise abwechselten. Damals hatte ich noch keine Ahnung, dass sich über 100 Bewerberinnen bei mir melden würden. Es war die Qual der Wahl für mich …

Weil sich Katrin und Conny bei den Probetagen gut anstellten, wurden sie meine Angestellten. Wir waren alle ungefähr im selben Alter. Sie wohnten in meiner Nähe, und die Chemie stimmte zwischen uns.

Von nun an gingen meine beiden Assistentinnen mit mir durch dick und dünn. Sie lasen mir beinahe jeden Wunsch von den Augen ab und verwöhnten mich nach Strich und Faden. Durch die gute Versorgung nahm ich allmählich wieder an Gewicht zu. Ich musste nicht mehr darauf achten, ob sich an meiner Kleidung Knöpfe befanden, ob meine Schuhe zum

Schnüren waren oder was meine Armbanduhr für einen Verschluss besaß. Meinen beiden Assistentinnen ging es nie auf den Zeiger, wenn sie mir halfen. Alles lief wie am Schnürchen. Und so manches Mal hatte ich vor lauter Glück eine Träne im Knopfloch.

Auch gesundheitlich ging es mir einigermaßen gut – schon allein dadurch, dass ich nicht mehr auf dem Boden krabbeln musste. Ich genoss es jeden Tag aufs Neue, dass meine Wohnung so komfortabel eingerichtet war, dass ich mich in meinem Rollstuhl überall problemlos zurechtfinden konnte. Außerdem kam ja auch meine neue Physiotherapeutin dreimal in der Woche zu mir nach Hause, um meine Muskeln mit den modernsten Methoden zu kräftigen und zu lockern. So blieben meine Schmerzen erträglich, sodass mich nur noch das Fernweh packte. Wenn ich nicht gerade vor dem Schreibtisch saß und in die Welt der Psychologie reiste, war ich jetzt mit meinen Assistentinnen viel auf Achse.

Besonders Katrin war sehr unternehmungslustig. Mit ihr fuhr ich nun öfter ins Kino oder Theater. Wenn an den Wochenenden Zoobesuche geplant waren, kam sogar ihre kleine Familie mit …

Immer häufiger lud Katrin mich jetzt zu sich nach Hause ein. Wir schauten uns mit Thomas – ihrem Mann – Filme auf Video an oder spielten mit dem kleinen Christian »Mau-Mau« oder »Mensch ärgere dich nicht«. Schnell hatte ich auch sein Vertrauen gewinnen können, nicht nur, weil er mich meistens besiegen konnte.

Während dieser Zeit hatte ich einmal in der Bibel gelesen: »Wer … Brüder oder Schwestern oder Vater oder Mutter … verlässt um meines Namens willen, der wird's hundertfach empfangen und das ewige Leben ererben« (Matthäus 19,29).

Aus Fremden wurden Freunde, und aus Freunden wird eine Familie.

Ich empfand, dass Gott – in seiner Größe – ziemlich untertrieben hatte. Denn ich war von ihm tausendfach entschädigt worden: mit einer Eigentumswohnung, der kleinen Firma und vor allem mit Menschen wie Katrin, Thomas und Christian sowie Conny, die mir zunehmend mehr Platz in ihrem Leben einräumten. Alle meine Zweifel waren ausgeräumt. Denn ich hatte erfahren: Wer sich auf Gott und sein Reich einlässt, wird reich beschenkt!

FEST-GEMACHT

OFFENSICHTLICH BLIEB AUCH BEI MEINEN Eltern nicht alles beim Alten. Denn von Frau Scholl erfuhr ich irgendwann Neues über sie. »Hallo Jana, wissen Sie, wen ich vorhin im Treppenaufgang zufällig getroffen habe: Ihren Bruder mit seiner Familie… Zuerst hat er weggeguckt, als ich ihn erkannt habe. Aber ich hab' ihn einfach angesprochen«, erzählte sie mir am Telefon.

»Familie? Hat er etwa Kinder?«, wollte ich wissen.

»Ja, zwei hübsche Mädchen. Die Große müsste so ungefähr elf sein. Sie sieht genauso aus wie Dirk. Die Kleine kommt dagegen voll nach Ihrer Schwägerin. Sie könnte sieben oder acht Jahre alt sein… So frech, wie ich war, habe ich die beiden auch gefragt, wie sie heißen: Leoni und Leni.«

»Wissen Sie denn auch, ob Dirk und Dagmar wieder Kontakt zu meinen Eltern haben?«

»Anscheinend«, meinte Frau Scholl. »Jedenfalls gingen sie mit einem riesengroßen Blumenstrauß zu ihnen.«

Zwei Herzen schlugen in meiner Brust. »Ach, wäre das schön, wenn Vati und Mutti endlich ein bisschen zugänglicher geworden sind!«, wünschte ich mir. »Sollte ich vielleicht jetzt auch wieder einen Schritt auf sie zugehen? Aber – kriechen möchte ich vor ihnen auch nicht mehr! Was soll ich nur tun?« Ich erinnerte mich an Gottes Auftrag, den er mir gegeben hatte: »Geh aus deinem Vaterland und von deiner Verwandtschaft und aus deines Vaters Hause in ein Land, das ich dir zeigen will« (1. Mose 12,1). Demnach machte ich weiterhin Fort-schritte!

Eines Morgens kam jemand aus meiner Familie auch einen Schritt auf mich zu…

Es klingelte bei mir. Als ich die Tür öffnete, sah ich Onkel Holger. Verdutzt schaute ich ihn an.

»Hallo! Du warst neulich in der Zeitung… Der Wasserturm hat mir verraten, wo du ungefähr wohnst!«, erklärte er.

Meine Erschrockenheit ließ ich mir nicht anmerken. Vor mir stand nicht mehr der Onkel, den ich auf meiner Jugendweihe kennen gelernt hatte. Er war alt geworden – und dick. Es kam mir beinahe so vor, als ob er große Sorgen in sich hineingefressen hätte.

Als ich ihn herein gebeten hatte, fragte ich ihn gleich: »Dir geht es nicht gut, oder?«

»Weißt du es denn nicht?«, fragte er mich. »Vor vier Jahren ist unser Sohn Lukas gestorben. Er ist bei einem Autounfall ums Leben gekommen – saß selbst am Steuer, obwohl er noch keine Fahrerlaubnis hatte…«

»Das ist ja schrecklich«, schluckte ich entsetzt. »Ich wusste das gar nicht!«

»Wie denn auch? Deine Eltern… ach, ist ja auch egal. Jedenfalls ist Tante Heidi seit einem Jahr in der Psychiatrie, weil ihr einfach keiner helfen konnte oder auch wollte…«

Ich erfuhr, dass meine Eltern in der Situation keine Hilfe waren. Im Gegenteil: Sie machten meinem Onkel und meiner Tante große Vorwürfe. Angeblich hätten sie mehr Zucht und Ordnung walten lassen müssen. Deshalb waren sie auch nicht auf der Beerdigung.

»Das gibt's doch nicht«, sagte ich bestürzt. »Onkel Holger, das tut mir so leid! Ich schäme mich für meine Eltern.«

An jenem Nachmittag im Sommer sprachen wir lange noch über Onkel Holgers Trauer. Er hatte zum ersten Mal das Gefühl, dass sich jemand für ihn Zeit nahm. Die Wut auf Lukas und die eigenen Schuldgefühle kamen dabei ausführlich zur Sprache. Zum Schluss lächelte er sogar ein wenig. Und ich hatte den Eindruck, als ob der Schwergewichtige sein Herz erleichtern konnte...

Seitdem trafen wir uns regelmäßig. Jeden Samstag kam Onkel Holger zum Frühstück. Beim ausgiebigen Genießen erzählte er mir anfangs noch viel von Lukas. Fotoalben, in denen sein jüngerer Sohn abgebildet war, machten seine Erzählungen lebendig. Es tat dem Vater sichtbar gut, in Erinnerungen zu schwelgen.

Während mein Onkel also den Schmerz und die Trauer allmählich verarbeitete, erschrak ich, als ich sah, dass sich meine Tante über den Verlust ihres Sohnes selbst verloren hatte. Sie musste für immer von starken Medikamenten leben und beaufsichtigt werden, damit sie keine Anstalten machen konnte, indem sie weitere Selbstmordversuche unternahm...

Ich war froh, dass Onkel Holger seinerzeit so unverhofft bei mir vorbeigekommen war. Denn nachdem er sich erholt hatte, verwandelte er sich in einen Hoffnungsträger; er wurde eine feste Größe für mich, mit der ich von nun an auch anstehende Festlichkeiten groß feiern konnte.

Im Oktober freute ich mich jetzt zum Beispiel immer auf meinen Geburtstag. Meine Gäste und ich gewöhnten uns an, ihn doppelt zu würdigen. Am 27. Oktober dachten Tina, Tobias und ich feierlich immer daran, dass Gott mich geschaffen hatte, mich wollte und liebte. Wir machten ein Ritual daraus, dass wir bei Kerzenschein und einem leckeren Gläschen Rotwein die Bibel aufschlugen und über die beiden Verse redeten, durch die mir der Vater im Himmel Trost und einen guten Rat gegeben hatte. Es war wirklich wahr geworden, was als Motto über meinem Leben stand: »Denn mein Vater und meine Mutter verlassen mich, aber der Herr nimmt mich auf« (Psalm 27,10). Und: »Von deinem Freund und deines Vaters Freund lass nicht ab. Geh nicht ins Haus deines Bruders, wenn dir's übel geht. Ein Nachbar in der Nähe ist besser als ein Bruder in der Ferne« (Sprüche 27,10).

Darüber hinaus wurde der 28. Oktober aber nicht außer Acht gelassen. Aufgrund dessen, dass Gott so unmissverständlich deutlich gemacht hatte, dass am 27. Oktober mein richtiger Geburtstag war, hatte ich das Datum in sämtlichen Dokumenten ändern lassen. Und dennoch konnte und wollte ich am nächsten Morgen nicht einfach zur Tagesordnung übergehen. Ich lud meine Großeltern, Onkel Holger sowie Conny und Katrin jedes Mal zur gemütlichen Kaffeerunde ein und feierte mit ihnen, dass ich meine Kindheit und Jugend unbeschadet überlebt hatte. Unbeschadet? Da ich vermutete, dass mein Opa, meine Oma und Onkel Holger ja genau wussten, wie ich zu meiner Behinderung gekommen war, überlegte ich gerade in der Runde stets, sie auszufragen. Aber andererseits hielt ich den Anlass auch nicht für angemessen. Schließlich wollten wir alle den Ehrentag unbeschwert genießen …

Die Jahre vergingen, aber die Feierlichkeiten nicht!

In Rostock hatten Tobias, Tina und ich eine Kirchengemeinde gefunden, in der wir uns richtig wohl fühlten. Wir hatten das Empfinden, dass in dieser Kirche ein frischer Wind wehte, der unserem Glauben an Gott Auftrieb gab.

Nach drei Jahren ihrer Mitgliedschaft in der evangelisch-lutherischen Kirche wollten Tina und Tobias klar Schiff machen und in den Hafen der Ehe einlaufen ...

Während der Hochzeit lief nichts aus dem Ruder. Ich saß vorne und sah, wie Tobias in seinem grauen Anzug aufgeregt mit seinen Händen an der roten Fliege herumzupfte, die augenscheinlich nicht seine Kragenweite war. Sein Kopf drehte sich ständig hin und her – auf der Suche nach seiner Braut, die von ihrem Vater in die Kirche geführt werden sollte.

Plötzlich ging ein Raunen durch die Reihen, als die Orgel zu spielen begann und Tina bedächtig das große Backsteingebäude betrat. Schritt für Schritt kam sie ihrem Zukünftigen näher. In ihrem langen, wallenden Kleid sah sie einfach umwerfend aus. Tobias standen Tränen in den Augen ...

Der Pastor riss die ganze Hochzeitsgesellschaft mit seiner witzigen Art mit. So individuell Tobias und Tina als Paar waren, so originell war auch die Zeremonie. Der Höhepunkt war das rührselige Trauversprechen der beiden, in dem sie gelobten, sich stets zu lieben und zu ehren sowie auf die gegenseitigen Bedürfnisse Rücksicht zu nehmen. Als anmutige Geste setzte sich Tina – nach den obligatorischen Worten des Geistlichen – auf den Schoß ihres Göttergatten und küsste ihn innig und lange.

Alle klatschten und jubelten.

Hinterher gratulierte natürlich auch ich dem frisch gebackenen Ehepaar. Als ich Tina umarmte, flüsterte ich ihr liebevoll ins Ohr: »So, du Perle, jetzt hast du dein Schmuckstück endlich an die Kette gelegt und ewig am Hals.«

»Du wieder ...«, sagte Tina und lachte herzlich.

Im Mai des Jahres 2000 gestand auch ich in jener Kirchgemeinde meine Liebe – allerdings zu Gott.

Elf Jahre war ich nun schon Christ. Ich kannte mich – durch das viele Lesen – ein Stück weit in der Bibel aus. Das Beten war mir nicht mehr fremd. Und ich hatte Gott schon so oft erlebt, dass ich vor der Gemeinde öffentlich bekennen wollte, dass ich mit ihm lebte.

Ich stand vor dem Kreuz in der Kirche im schneeweißen Gewand und erzählte den anderen Gemeindemitgliedern, wie ich zum Glauben gekommen war. Als der Pastor mich hinterher noch einmal eindringlich fragte, ob meine Entscheidung mit ganzem Herzen getroffen wurde, hatte ich nicht nur ein paar Tropfen in den Augen, sondern auch bald auf dem Kopf. Ich freute mich so sehr darüber, dass ich jetzt mit Gott im Reinen war!

Inzwischen hatte ich in meinem Leben so manches festgemacht: In Rostock war ich nun heimisch geworden. Hier hatte ich eine Festung gefunden, in der ich mich sicher und geborgen fühlte. Zudem war ich der festen Ansicht, dass ich zu Gott gehörte. Zusammen mit meinen Freunden, mit Onkel Holger, Opa und Oma hatte ich so manches Festmahl genossen. Und doch ahnte ich, dass ich nichts auf Dauer festhalten konnte. Jetzt war es ganz langsam an der Zeit, loszulassen ...

ENTSCHEIDUNGEN FÜR
END-SCHEIDUNGEN

TROTZ MEINER TAUFE WURDE ICH bald in mein altes Leben zurückgeholt.

Ich erfuhr von Opa und Oma, dass meine Eltern und Dirk bitterböse auf uns waren.

»Wieso? Was haben wir denn nun schon wieder verbrochen?«

»Eigentlich nichts … Aber Oma und ich haben dir die Wohnung geschenkt – ohne sie vorher zu fragen … Und das passt ihnen nicht«, meinte Opa.

»Ihr könnt doch mit eurem Geld machen, was ihr wollt!«, betonte ich. »Und was hab' ich angestellt?«

»Dein Vater ist der festen Meinung, dass du ihn dadurch um sein Erbe betrogen hast. Außerdem meint er, dass du ihm zu Unrecht den Anspruch auf das Pflegegeld und deine Rente entzogen hast. Er ist fuchsteufelswild, dass er gedroht hat, Konsequenzen daraus zu ziehen …«

Und Oma fügte hinzu: »Ja, ja, dein Vater versucht, Opa zu zwingen, dass er ihm deine Wohnung überschreibt. Er will dich vor die Tür setzen und in ein Heim stecken!«

»Aber – das kann er doch nicht machen, oder?«

»Keine Sorge, Kleines, die kriegen eins aufs Dach!«

Nach dieser Nachricht begrub ich die Hoffnung endgültig, dass ich mich noch einmal mit meinen Eltern oder auch Dirk vertragen würde. Im Gegenteil: Ich konnte ihre Boshaftigkeit kaum noch ertragen. Deshalb betete ich: »Lieber Gott, ich danke dir für meine Familie. Danke, dass ich sie kennen lernen und meine Erfahrung mit ihr machen durfte. Ich möchte ihr aber nicht länger hinterhertrauern. Auch emotional will ich jetzt vergessen, was hinter mir liegt. Daher vertraue ich dir meine Eltern, Dirk und seine Angehörigen an. Mache mit ihnen, was du für richtig hältst. Tue ihnen wohl nach deiner Gnade. Und – danke, dass du auch sie liebst.«

Damals hatte ich noch keine Ahnung, wie schnell Gott auf meine Worte reagierte. Denn ungefähr zehn Minuten später klingelte mein Telefon. Als ich auf das Display schaute, konnte ich die Nummer nicht direkt zuordnen. Aber an der Vorwahl war abzulesen, dass jemand aus Leipzig anrief. Zögerlich nahm ich den Hörer in die Hand. »Ja, hallo«, meldete ich mich.

»Hier ist Dirk, dein Bruder!«

Es verschlug mir die Sprache.

»Jana, ich wollte dir nur kurz mitteilen, dass unsere Mutter ins Krankenhaus gekommen ist. Ihre Nieren haben versagt. Die Ärzte haben sie ins künstliche Koma versetzt. Aber ansonsten können sie ihr nicht mehr helfen. Sie wird bald sterben!«

Ich stand völlig unter Schock.

Wie in Trance kam wenig später über meine Lippen: »Wie soll ich mich denn nun verhalten?«

»Ich rate dir nur, Vati nicht unter die Augen zu treten. Er hat eine Mordswut auf dich, weil du die Wohnung geerbt hast«, betonte Dirk. »Ach ja, du kannst vergessen, dass ich zwischen euch vermitteln werde. Ich denke nur, dass du ein Recht darauf hast, informiert zu sein, aber mehr nicht ...«, sagte er noch.

Ohne ein persönliches Wort mit mir zu wechseln, legte Dirk auf. Plötzlich stand die Zeit für mich still. Mir ging es mit einem Mal unheimlich schlecht. An dem Zustand meiner Mutter gab ich mir nämlich selbst die Schuld, weil ich gerade gebetet hatte.

Nun sagte ich verzweifelt zu Gott: »Was machst du da mit mir? So habe ich das aber nicht gemeint! Wenn ich meine Familie loslasse, dann heißt das doch noch lange nicht, dass gleich jemand sterben muss!«

In der darauffolgenden Nacht bekam ich kein Auge zu. Mir tat meine Mutter unheimlich leid. Dabei merkte ich, wie sehr ich mich immer noch zu ihr hingezogen fühlte – nach all den Jahren. Nun fragte ich nicht mehr Dirk, sondern Gott: »Wie soll ich mich denn nun verhalten? Was erwartest du von mir?«

Noch schwieg er…

Am kommenden Tag rief ich erst einmal auf der Intensivstation in der Klinik an. Der diensthabende Arzt versicherte mir, dass meine Mutter nicht wusste, wie es um sie stand. »Obwohl ihr Körper völlig vergiftet ist, hat sie keine Schmerzen. Seit Jahren lebt sie schon mit einer Schrumpfniere. Aber auf unerklärliche Art und Weise arbeitet jetzt die andere Niere nicht mehr. Indem wir sie ins Koma versetzt und an die Dialyse angeschlossen haben, soll sie sich erst einmal ein bisschen stabilisieren, damit wir so bald wie möglich operieren können. Wir müssen die Niere unbedingt entfernen!«, erklärte er mir.

»Dann gibt es doch noch einen Funken Hoffnung?«, schlussfolgerte ich.

»Wir tun, was in unserer Macht steht«, versprach er mir. »Aber ein Wunder können wir leider nicht vollbringen!«

Regelmäßig – das heißt: tagtäglich – telefonierte ich mit dem Krankenhaus, um mich zu erkundigen, wie es meiner Mutter ging. Jeden Tag schlotterten mir dabei die Knie. Mein Herz raste, weil ich Angst davor hatte, dass die Ärzte mir eventuell mitteilten: Ihre Mutter ist gestorben.

Gott sei Dank – das passierte nicht. Denn sie überstand die OP sogar recht gut, und ihr Allgemeinzustand wurde ein wenig besser. Trotzdem war das ständige Anrufen purer Stress. Nach einigen Tagen spürte ich die Anspannung von Kopf bis Fuß. Darum bat ich Onkel Holger um Hilfe. Er sollte mit seinem Schwager telefonieren, um mehr zu erfahren ...

Widerwillig sprach mein Vater mit dem Bruder seiner Frau.

»Wie konnte es überhaupt soweit kommen?«, fragte er ihn.

»Ursula waren unlängst von ihrem Hausarzt neue Tabletten für ihre Nieren verschrieben worden. Aber die wollte sie partout nicht einnehmen. Sie verstand den Ernst der Lage nicht, sodass es ihr von Tag zu Tag schlechter ging. Immer öfter musste sie sich hinlegen. Am Ende hatte sie keinen Appetit mehr. Nach anderthalb Wochen brach sie dann auf dem Flur zusammen. Ausgerechnet zu diesem Zeitpunkt war ich unterwegs. Als ich nach Hause kam, rief ich sofort den Notdienst ...«, berichtete er.

»Warum bist du denn nicht schon viel früher mit ihr zum Arzt gegangen?«

»Ich hab' doch schon genug Ärger ... Es ist schlimm genug! Dass mir einer Vorhaltungen macht, hab' ich gar nicht nötig ...«, schrie mein Vater wütend durch das Telefon und legte auf.

Völlig unerwartet entdeckte ich ein paar Tage danach einen Brief im Kasten, den mein Vater mir geschrieben hatte. Ich war gespannt, was er von mir wollte. »Kommt er in dieser Notlage womöglich auf mich zu?«, hoffte ich noch beim Öffnen. Aber ich hatte mich gewaltig geirrt. Denn er schickte mir nur die Kopie eines Schreibens, in dem er die Klinik beauftragt hatte, mir keine weiteren Auskünfte über den Gesundheitszustand seiner Frau zu erteilen. »Onkel Holger muss ihm wahrscheinlich so ganz nebenbei erzählt haben, dass ich am Wohlergehen von Mutti interessiert bin«, schlussfolgerte ich während des Lesens. Darunter erklärte er mir noch persönlich, dass mich die

Sache nichts mehr anginge, weil ich das Leben meiner Eltern total versaut hätte und schuld am Zustand meiner Mutter sei.

Die Reaktion, mit der mein Vater mich zweifellos treffen wollte, deutete ich als eine treffende Antwort Gottes auf die Frage, wie ich mich verhalten sollte. Ich hatte mich ganz einfach aus der Sache herauszuhalten.

Das bestätigte Gott noch einmal wenig später, als ich in ein kleines Buch schaute, in dem für jeden Tag des Jahres zwei Bibelverse standen. Einer davon lautete: »Lass die Toten ihre Toten begraben; du aber geh hin und verkündige das Reich Gottes!« (Lukas 9,60)

Gott konnte nicht deutlicher sprechen als durch diese Aussage! Aber ich empfand sie als unbarmherzig und hart. Am liebsten hätte ich mich erst einmal um meine Mutter gekümmert und nicht um das Reich Gottes. Als ich irgendwann allerdings den Zusammenhang nachlas, in dem der Bibeltext zu finden war, entdeckte ich, dass ich nicht allein so fühlte. Denn da forderte Jesus einen Menschen auf: »›Folge mir nach!‹ Der sprach aber: ›Herr, erlaube mir, dass ich zuvor hingehe und meinen Vater begrabe.‹ Aber Jesus sprach zu ihm: ›Lass die Toten ihre Toten begraben; du aber geh hin und verkündige das Reich Gottes!‹« (Lukas 9,59–60)

Ich hatte Gott in der Regel als einen lieben, fürsorglichen und gütigen Vater erlebt, der immer hinter mir stand, mich tröstete, mir Mut zusprach und Gnade vor Recht ergehen ließ. Aber hier erlebte ich ihn nicht nur als meinen Retter, sondern als Richter. Er erklärte mir durch diesen Bibelvers, dass er meine Familie für tot hielt. Nichts und niemand bewegte sie mehr, und sie ließen sich auch nicht mehr zu etwas bewegen. Aber nicht nur das. Gott wollte mich nun auch auf das vorbereiten, was in naher Zukunft passierte: Meine Mutter sollte auch physisch sterben. Schließlich erwartete er von mir, dass ich die Toten ihre Toten begraben ließ. Demnach hatte ich auf ihrer Beerdigung auch nichts zu suchen.

Die Wochen vergingen.

Es war mittlerweile Mai des Jahres 2001. Während ich jeden Sonntag in den Gottesdienst ging und auch unter der Woche einige Aufgaben in der Kirchengemeinde übernahm – wie zum Beispiel kleine Artikel für deren Zeitung schrieb oder so manche Veranstaltung organisierte –, dachte ich immer noch an meine Mutter. Ich ging davon aus, dass sie längst verstorben und begraben war.

Ich trauerte … bis drei Monate später wieder ein Schreiben von meinem Vater kam. Darin stand, dass meine Mutter inzwischen im Wachkoma lag. Nun sollte sie in eine andere Klinik verlegt werden, um in Würde sterben zu können. Dabei stellte er mir ein Ultimatum. Wenn ich bis zum 11. August nicht bei ihr wäre und mich von ihr verabschiedet hätte, dürfte ich nicht zur Beerdigung kommen. Mein Leben lang hätte ich sie enttäuscht, sodass ich es jetzt nicht wagen sollte, mich seiner Forderung zu widersetzen.

Ohne Frage nahm ich die Worte meines Vaters sehr ernst. Sie machten mir sogar Angst. Aber ich wusste jetzt, was ich zu tun hatte: Ich wollte nach vorne sehen, mich dem Leben stellen und dabei Gott Freude machen. Dabei suchte ich Hilfe bei meinem Pastor, der meine Lebensgeschichte kannte. Er bot mir sofort an, nach Leipzig zu fahren und für meine Mutter vor Ort noch einmal zu beten und um Gottes barmherziges Eingreifen zu bitten. Er hoffte, dass mir das Frieden schenkte und auch meinen Vater gnädig stimmte.

Jenen Vorschlag fand ich gut. Ich konnte meine Mutter so in Erinnerung behalten, wie ich sie vor Jahren das letzte Mal gesehen hatte. Und außerdem bekam ich die Möglichkeit, mich auf meine Weise von ihr zu verabschieden. Ich verfasste damals unter Tränen noch einen letzten Brief, den Pastor Läutner ihr am 13. August 2001 an ihrem Sterbebett vorlas:

Liebe Mutti,

es tut mir so sehr leid, was Du seit Wochen, seit Monaten durchmachen musst. Du sollst wissen, dass ich jeden Tag an Dich gedacht habe, auch wenn ich Dich nicht einmal besucht habe… Ich bete immer für Dich, dass die Ärzte Deine Schmerzen lindern können und dass Du bald nicht mehr so leiden musst.

Liebe Mutti, Du sollst wissen, dass Du einer der wichtigsten Menschen in meinem Leben bist, obwohl es zwischen uns eine Menge Probleme gibt. Vielleicht liegt es daran, dass wir beide zwei unterschiedliche Sprachen des Herzens sprechen und uns darum gar nicht verstehen können. Trotzdem bedeutest Du mir sehr viel. Du wirst immer einen Platz in meinem Herzen haben. Vergiss das bitte nicht!

Mach' Dir um mich bitte keine Sorgen. Ich habe Menschen gefunden, die sich hervorragend um mich kümmern und mit denen ich mich sogar angefreundet habe. Ich bin glücklich geworden – trotz meiner Behinderung. Denk' jetzt einfach nur an Dich!

Sei gewiss: Ich habe Dich lieb!

Von daher sage ich von Herzen:

Auf Wiedersehen, Mutti!

Deine Jana

An mehreren Geräten angeschlossen nahm meine Mutter eigentlich nichts mehr wahr. Aber in dem Moment, als der Pastor meinen Namen erwähnte und die persönlichen Worte an sie richtete, öffnete sie die Augen. Sie schien alles zu verstehen. Als er mir das im Nachhinein erzählte, war ich etwas getröstet und weinte – vor Rührung und Erleichterung – bitterlich. Ich dachte, dass ich mit dieser Maßnahme alles getan hatte, was ich konnte, um meinen Vater milde zu stimmen. Aber er enttäuschte mich herb. Denn nun wurde er so richtig sauer.

Noch einmal bekam ich Post von ihm. Der Inhalt war erschütternd.

Du Miststück!

Wie kannst Du es wagen, einen Pfarrer zu Deiner Mutter zu schicken? Sollte er ihr in ihren letzten Stunden auch noch einreden, dass sie ein armer Sünder ist, der von nun an in der Hölle schmoren muss? Wie viel Anstand besitzt Du eigentlich? Ich wünsche Dir auch, dass Dich der Teufel holt!

Ich hasse Dich.

Eins sage ich Dir: Solltest Du bis zum 19. August nicht am Sterbebett Deiner Mutter gewesen sein, und Dich bei ihr für alles, was Du ihr angetan hast, entschuldigen, wirst Du Dein blaues Wunder erleben. Ich mache Dich fertig. Du wirst im Leben keine Ruhe mehr finden.

Du hast nur noch eine Chance: Bewege Deinen Arsch endlich nach Leipzig.

Vati

Ich teilte sofort diese Mitteilung meines Vaters mit Onkel Holger. Er war genauso aufgelöst wie ich. »Was mach' ich denn bloß: Fahre ich noch mal zu Mutti, damit mein Vater endlich Ruhe gibt?«, fragte ich ihn. »Eigentlich will ich nicht ... Ich hab' mich doch auf meine Art von ihr verabschiedet!« Und dann gestand ich ihm: »Aber ich habe solche Angst, dass er ausrastet!«

»Jana, wenn es sinnvoll wäre, würde ich dich natürlich begleiten. Doch stell' dir mal vor, dein Vater verliert am Sterbebett deiner Mutter total die Beherrschung, schreit dort herum und macht dich zur Schnecke. Meinst du, das tut deiner Mutter gut?«, erklärte er mir. »Du bleibst bitte hier und schützt dich vor ihm!«

»Du hast recht ... Das wäre unpassend! Und so, wie ich meinen Vater kenne, würde er sicherlich ernst machen ...«

»Ja, mit dem ist echt nicht zu spaßen. Ich hab' nämlich auch Post von ihm gekriegt«, gestand Onkel Holger mir. »Peter verbietet mir, auf Ursulas Beisetzung zu erscheinen: Er will nur Leute dabei haben, die auch wirklich zu ihm halten. Wenn ich trotzdem komme, will er mir das Leben schwer machen.«

»O Mann, mein Vater ist ja total krank ...«, analysierte ich.

Als Onkel Holger gegangen war, fing ich erst einmal an zu realisieren, was mein Vater ihm und mir androhte. Ich konnte keinen kühlen Kopf mehr bewahren. Stattdessen lief es mir eiskalt den Rücken herunter, und ich erstarrte vor Panik. Während ich am Abend im Bett lag, gingen mir so viele Gedanken durch den Kopf: »Was ist, wenn er herkommt? Mein Balkon ist tief genug, dass er hochklettern, die Scheibe einschlagen und sich vergessen könnte. Ich hätte keine Chance zu flüchten ...« Zum ersten Mal fühlte ich mich in meinen eigenen vier Wänden nicht mehr sicher. Obwohl ich mich ganz fest einkuschelte, bekam ich nächtelang kaum noch ein Auge zu.

Tagsüber lag ich immer unbewusst auf der Lauer. Wenn das Telefon läutete oder es an der Tür klingelte, zuckte ich innerlich zusammen. Ständig rechnete ich damit, dass mein Vater mit mir abrechnete. Dreimal am Tag schaute ich in den Briefkasten, ob es wieder Post von ihm gab. Katrin tat ihr Bestes, um mir die Angst zu nehmen: Als sie merkte, wie ich – vor dem Gang nach draußen – andauernd kreidebleich wurde, zitterte und geistig abwesend war, bot sie mir zum Beispiel an, für mich herunterzugehen. »Pass auf, wenn wieder so ein Wisch da ist, les' ich ihn, und wenn er bescheuert ist, schmeiß' ich ihn sofort weg. Okay?«

»... lieber nicht! Ich muss selber wissen, was los ist. Vielleicht steht ja mal auch etwas drin, was nur ich verstehe«, meinte ich.

Ich mochte auch gar nicht mehr meine Wohnung verlassen. Jedes Mal, wenn ich außerhalb einen Termin wahrnehmen musste, fürchtete ich mich davor, dass mein Vater hinter der nächsten Ecke stehen könnte, um mich um die Ecke zu bringen. Immerzu drehte ich mich beim Fahren im Rollstuhl um, um auf der sicheren Seite zu sein. Ich hatte Todesangst. Natürlich ließen auch Conny oder Katrin mich nie aus den Augen.

Je länger ich über die ganze Sache nachdachte, desto klarer wurde mir, wie böse mein Vater war. Zudem hatte ich stets vor Augen, dass sich schon damals, als ich ein Baby war, etwas Schlimmes abgespielt haben musste. Mein Vater hatte es tatsächlich geschafft, mich zum Teufel zu jagen. Denn ich hatte das Gefühl, als ob ich gerade durch die Hölle ging...

Am 23. August 2001 schickte mein Vater mir ein Telegramm, in dem zu lesen war:

Deine Mutter ist am 22. August um 18.30 Uhr verstorben. *Vati.*

Ich schämte mich: Zuerst wünschte ich mir nämlich, dass mein Vater gerade das Zeitliche gesegnet hätte und nicht erst meine Mutter. Solch eine Tragödie hätte sie – bei alledem – sicherlich nicht veranstaltet …

Trotzdem war ich total erleichtert, dass meine Mutter nach dieser langen Krankheitszeit nicht mehr leiden musste. Vielleicht war sie – durch den Abschiedsbrief und die segnenden Worte des Pastors – ja sogar erlöst, sodass es im Himmel ein Wiedersehen geben würde. Das tröstete mich.

Ich fand keine Ruhe, um zu trauern und das Erlebte zu verarbeiten. Denn bereits drei Tage nach dem Tod meiner Mutter bekam ich erneut eine Zuschrift meines Vaters, in der er sich sehr aufgebracht äußerte – was auch in dieser Situation überhaupt nicht angebracht war:

Du Missgeburt!

Ich wollte Dich nur noch einmal daran erinnern, dass Du Schuld hast, dass Deine Mutter nicht friedlich eingeschlafen ist.

Nun verspreche ich Dir, dass Du für den Rest Deines Lebens auch nicht mehr zur Ruhe kommen wirst. Von Zeit zu Zeit werde ich Dich erinnern, was Du uns angetan hast. Du wirst die Hölle auf Erden erleben...

Bete zu Deinem komischen Gott, dass wir uns nie mehr begegnen. Denn sollten wir uns noch einmal über den Weg laufen, mache ich Dich fertig.

Du bist so hinterlistig und falsch. Oder glaubst Du, ich habe Dich nicht durchschaut? Du hast Dich bei Opa nur eingeschlichen, um finanzielle Vorteile zu kriegen. Aber alles, was Du jetzt hast, werde ich mir holen.

Ich hasse Dich! Von mir hast Du nichts mehr zu erwarten.

Vati

Ich war fix und fertig, als Onkel Holger mich sogleich besuchen kam. »Ich ahne Schlimmes...«, sagte er sofort, während er mich bei der Begrüßung umarmte. »Du schlotterst ja richtig! Was hat er diesmal gemacht?«

Ich hielt ihm nur das Geschreibsel hin und meinte: »Guck selbst...«

Nach dem Lesen schüttelte er entsetzt den Kopf: »Wie tief kann man nur sinken!...und dann immer dieses doofe ›Vati‹

drunter ...!« Nach einer Denkpause fügte er hinzu: »Jana, ob du es jetzt hören willst oder nicht: Es wird Zeit, dass du rechtliche Schritte gegen deinen Vater einleitest. Sonst wird er nie aufhören.«

»Ja, aber ich weiß gar nicht mehr, was ich fühlen soll: Einerseits habe ich so eine wahnsinnige Angst, und ich bin so verletzt und wütend und traurig. Manchmal denke ich sogar: Ich hasse ihn. Doch das kann ich ja nicht machen ... Er ist doch mein Vater ...«

»... aber er benimmt sich nicht so. Und darum musst du ihn in die Schranken weisen!«

Ich dachte sofort an die Rechtsanwältin, die mich schon beim Arbeitgebermodell vertreten hatte. »Soll ich die mal anrufen und einweihen?«, fragte ich meinen Onkel zögerlich.

»Ruf' sie sofort an und erzähl ihr alles.«

Erklärt, gewehrt.

Nachdem ich die verständnisvolle Frau eingewiesen hatte, setzte sie schleunigst ein amtliches Schreiben auf, in dem sie meinen Vater aufforderte, seine Drohungen zu unterlassen. Ansonsten würde ich ihn verklagen. Es lagen immerhin genügend Beweisstücke gegen ihn vor.

Dieser taktische Gegenangriff brachte meinen Vater scheinbar total aus dem Takt. Denn jener war der Auftakt dafür, dass ich von nun an nichts mehr von ihm hörte.

Nicht nur ich, sondern auch Onkel Holger war überrascht, dass mein Vater so schnell nachgab, wenn man einen Anwalt einschaltete und auf die Polizei verwies. »Aber das ist so typisch für ihn: Wenn er eins auf die Mütze bekommt, dann ist er plötzlich wieder so klein mit Hut«, stellten wir wieder einmal fest.

Losen Kontakt pflegte Onkel Holger immer noch zu seiner Schwester Simone. Von ihr erfuhr er, dass meine Mutter am

8. September um 14.00 Uhr auf dem Südfriedhof in Leipzig beerdigt werden sollte. Es war eine Erdbestattung vorgesehen, an der nur mein Vater und seine Mutter – also meine Omi –, Simone selbst und ihr Mann sowie Dirk mit Anhang teilnehmen durften. Sollten noch andere Familienmitglieder erscheinen, würde ihr Schwager diese am selben Tag unter die Erde bringen. Das hatte er zumindest angedeutet, was sie allerdings nicht richtig deuten konnte…

Damals staunte ich oft, wie weise und barmherzig Gott war, als er mir empfahl: »Lass die Toten ihre Toten begraben …« Er kannte auch meinen Vater, der womöglich auf der Beerdigung meiner Mutter ein Fass aufmachen würde. Insofern fühlte ich mich geschützt, als sowohl Onkel Holger als auch meine Großeltern am 8. September mir in den eigenen vier Wänden beistanden. Denn so langsam übermannte mich die große Trauer. Eigentlich wurde mir in dem psychischen Stress zum ersten Mal bewusst, dass ich meine Mutter für immer verloren hatte.

Gegen 14.00 Uhr saßen wir vier Ausgeladenen ganz still auf meinem Balkon und hatten ein Foto meiner Mutter auf den Tisch gestellt, das lauter verschiedene Erinnerungen in uns hervorrief. Dann fingen wir alle aber an zu staunen, dass sich die Sonne einen Weg durch die Wolken bahnte, während meine liebe Oma eine Kerze für ihre Schwiegertochter anzündete. Für mich war das ein Zeichen, dass irgendwann wieder ein Licht am Ende des Tunnels erscheinen würde …

Es dauerte eine Weile, bis ich wieder festen Boden unter den Füßen hatte. Der Schmerz, die Trauer und der Verlust wollten erst einmal verarbeitet werden. Gott sei Dank: Katrin half mir dabei. Sie hörte mir zu, wenn ich reden wollte. Immer wieder nahm sie mich auch in den Arm, während ich weinte oder wütend auf meine Familie war.

Hin und wieder dachte ich auch an Dirk. Ich verstand seinerzeit noch nicht, dass er sich nach der Bestattung unserer Mutter nicht einmal bei mir gemeldet hatte. Zu erfahren, wie die Zeremonie ablief, hätte mir so sehr geholfen, um damit umzugehen. Und außerdem wünschte ich mir insgeheim, dass wenigstens wir uns noch einmal zusammenrauften.

Indem ich nach vorn und vor allem auf Gott schaute, erholte ich mich allmählich. Ich begann, jeden normalen Tag zu genießen, der ohne Zwischenfälle verlief. Nach dieser harten Zeit wusste ich auf einmal die kleinen Dinge viel mehr zu schätzen als früher: ein Lächeln, nette Karten oder E-Mails, eine Umarmung, freundliche Anrufe von Freunden oder so manches segnende Gebet. Ich war sensibler geworden und liebte das Leben mehr denn je, weil es so kostbar und zerbrechlich war.

Nach weiteren drei Jahren dachte ich kaum noch an meinen Vater und Dirk. Ich hatte sie an dem Tag, als der Anruf meines Bruders kam, – in der Tat – an Gott abgegeben.

Indes gab er mir so viel neue Kraft und Ideen, dass ich wieder in der Gegenwart angekommen war. Bevor ich nun zu dem Glaubenskurs fahren wollte, den ich seit einiger Zeit in der Gemeinde leitete, schaute ich noch einmal in den Briefkasten.

Als ich auf den Absender eines Briefes sah, erschrak ich zum ersten Mal seit Langem. Diesmal hatte mir nicht mein Vater geschrieben, sondern Dagmar – Dirks Frau. Hastig öffnete ich das Kuvert und sah, dass sie mir in kurzen Sätzen schrieb:

Liebe Jana,

ich wollte Dir mitteilen, dass Dirk nach langer, schwerer Krankheit am 17. Mai 2004 verstorben ist. Die Trauerfeier fand bereits statt. Aber die Bestattung ist am 24. Mai 2004 auf dem Südfriedhof in Leipzig.

Dagmar

Minutenlang saß ich regungslos da. Ich war wie gelähmt. »Das kann doch gar nicht sein«, dachte ich, während Katrin den Pastor anrief, um meinen Termin abzusagen. »Er ist doch noch so jung – gerade einmal 38.«

Auf einmal kam bei mir alles wieder hoch. Ich erinnerte mich daran, was wir gemeinsam erlebt hatten und was uns voneinander getrennt hatte. Wir kannten uns so lange. Und dennoch waren wir uns völlig fremd. Meine Hoffnung, dass wir uns jemals verstanden, war hiermit für immer gestorben. Nun begannen mir, die Tränen über das Gesicht zu laufen, die Katrin wieder einmal trocknete…

Obwohl ich tiefes Mitgefühl mit Dirk, Dagmar und den beiden Mädchen entwickelte, war ich diesmal nicht mehr unsicher, wie ich vorzugehen hatte. Mir war klar, dass ich die Toten ihre Toten begraben lassen sollte. Deshalb entschied ich mich dafür, nicht zu seiner Bestattung zu fahren – zumal ich befürchtete, dort auf meinen Vater zu treffen.

Trotzdem quälten mich eine Menge Fragen: »Worunter litt mein Bruder überhaupt? Wie lange musste er mit dieser schweren Krankheit leben? Warum meldete er sich nicht noch einmal bei mir, wenn er wusste, dass er nicht mehr lange leben wird? Wie sehr haben wohl Dagmar und die Kinder unter der Diagnose gelitten?«

Bald bekam ich auf Umwegen ein paar Antworten. Onkel Holger rief wieder einmal seine Schwester Simone an, die ihn über Dirks Todesursache aufklärte: Ihm war es kurz nach der Beerdigung unserer Mutter nicht gut gegangen. Er hatte Rückenschmerzen bekommen, die unerträglich geworden waren, bis er irgendwann endlich zum Arzt gegangen war. Nach einer gründlichen Untersuchung war festgestellt worden, dass er Knochenkrebs im Endstadium hatte. Auch die Chemotherapie, die darauf folgte, hatte sein Leben nur verlängern können. Für Heilung war es leider zu spät gewesen.

Als ich das erfuhr, musste ich lange darüber nachdenken. Auf einmal verstand ich es: Wenn Dirk bereits unmittelbar nach der Beerdigung unserer Mutter todkrank war, dann hatte er wahrscheinlich auch schon Krebs gehabt, als wir miteinander telefoniert hatten und zuvor, als ich ihn im Gebet an Gott losgelassen hatte. Mir wurde so richtig flau im Magen. Aber mittlerweile hatte ich es mir abgewöhnt, Gott nach dem »Warum« zu fragen, weil er mir in dieser Zeit einerseits keine konkrete Antwort darauf gab. Und andererseits hatte ich gemerkt, dass mir das Zweifeln, Anklagen oder Misstrauen nur die nötige Kraft raubten, um angemessen auf die Situation reagieren zu können. Zur gegebenen Zeit erfuhr ich schon, was ihn zu diesem Handeln bewegte. Er nahm mir viele Entscheidungen ab. Doch was mir blieb, waren die End-scheidungen ...

IMMER NOCH IM DUNKELN TAPPEN

IN DOPPELTER HINSICHT TAPPTE ICH immer noch im Dunkeln. Und es wollte in meinem Leben einfach nicht hell werden. Denn am 27. April 2005 bekam ich einen erschreckenden Anruf von Opa: »Kind, es ist was Schlimmes passiert: Oma hatte einen Schlaganfall und liegt im Franziskus-Krankenhaus auf der Intensivstation. Da ich erst heute Morgen mitgekriegt hab', dass es ihr schlecht geht, wissen wir noch nicht, welche Folgen das alles hat.«

»Aber – was sagen die Ärzte denn genau? Sie wird doch durchkommen, oder?«

»Jana, um ehrlich zu sein: Ich habe kein gutes Gefühl und die Ärzte in der Klinik haben auch so komisch herumgedruckst ....«

Als ich am Ende des Gespräches den Hörer auflegte, fühlte ich mich so unsagbar allein. Ich fing an zu weinen. Denn meine größte Angst war, dass ich eventuell in Kürze schon wieder einen geliebten Menschen verlieren könnte.

Und ich verlor ihn in der Tat am 1. Oktober 2005.

Die Trauerfeier wurde von Onkel Holger organisiert. Das war auch gut so. Denn vor allem Opa und ich waren über den Verlust dieses gutherzigen Menschen todtraurig. Tagelang konnten wir miteinander kein Sterbenswörtchen reden. Selbst Katrin und Thomas sowie Tina und Tobias waren tief betroffen.

Nur den eigenen Stiefsohn ließ jene Tatsache, dass Friedrichs zweite Frau verstorben war, kalt. Als ihm mitgeteilt wurde, dass Omas Bestattung am 8. Oktober 2005 auf dem Dorotheenstädtisch-Friedrichswerderschen Friedhof in Berlin stattfinden sollte, schrieb er nämlich in die Kondolenzkarte an seinen Vater:

Hallo Du,

nun weißt Du endlich mal, wie es einem gehen kann, wenn man allein ist. Da ich Dein Weib sowieso nie mochte und auch nicht verstehen kann, warum Du die geheiratet hast, geht mich das alles auch nichts an.

Feiere Deine Beerdigung alleine.

Peter

Der Tag, an dem Oma zu Grabe getragen wurde, war für mich einer der dunkelsten in meinem ganzen Leben. Am Vormittag zog ich mir nicht nur schwarze Kleidung an, sondern legte auch die Kette um, die meine Großeltern mir einmal geschenkt hatten. Schließlich hatte ich mein eigenes Herz an diese liebe, gute Frau verloren. Eine lange Zeit hatte ich nunmehr engen Kontakt zu meiner Großmutter gehabt. Genau genommen war sie nicht nur eine Oma für mich, sondern eine Mama geworden, die ich mir immer gewünscht hatte. Bei ihr hatte ich Liebe, Geborgenheit und Halt gefunden.

Und nun fühlte ich mich mutterseelenallein …

Nicht nur ich, sondern auch viele andere Leute liebten Elisabeth, weil sie eine Frohnatur war, die andere stets ermuntern konnte – frei nach dem Motto: »Wenn du glaubst, es geht nicht mehr, dann kommt von irgendwo ein Lichtlein her.« Darum wollten ihr jetzt viele alte Freunde die letzte Ehre erweisen.

Als der Sarg in die Erde gelassen wurde, hatte ich den Eindruck, dass auch der Himmel mit mir weinen würde. Denn es regnete in Strömen.

Vor, bei und nach der Beerdigung schaute ich mich immer wieder ängstlich um, weil ich meinen Vater erwartete. Und auch Opa hielt ständig Ausschau nach ihm – allerdings in der Hoffnung, dass ihm sein Sohn in dieser schwersten Stunde doch zur Seite stehen würde. Aber vergebens! Während ich große Erleichterung verspürte, sah es so aus, als ob Opa tiefe Enttäuschung empfand ...

Nach der Beerdigung und den Beileidsbekundungen verließen die meisten Trauergäste den Friedhof. Nur die engsten Familienangehörigen blieben wie benommen am Grab meiner Oma stehen. Ich schaute verzweifelt nach oben und sah, dass sich Opa und Onkel Holger ganz langsam von der Stätte entfernten, um miteinander zu reden. Der Witwer begann, dabei heftig mit den Armen zu wedeln und meinen Onkel ernst anzuschauen. Es musste sich also um eine wichtige Angelegenheit handeln.

Ahnungslos fuhr ich zu den beiden Männern: »Was ist los?«, fragte ich sie verwirrt.

»Nichts, dein Onkel und ich hatten nur was zu klären«, sagte Opa streng. »Komm ... Bei dem Sauwetter sollten wir jetzt lieber los. Du holst dir sonst noch den Tod.«

Zielstrebig lief er anschließend in Richtung Parkplatz. Er stieg in den Bus und fuhr allein schon einmal in die Gaststätte, in der wir uns alle zum sogenannten Leichenschmaus treffen wollten.

Während Onkel Holger mit mir zum vereinbarten Treffpunkt fuhr, wollte ich natürlich von ihm wissen: »Was habt ihr eben besprochen?«

Zuerst weigerte er sich, mit der Sprache herauszurücken. »Opa hat mich gebeten, mit niemandem darüber zu reden«, erklärte er.

»Ach, komm' schon. Irgendwann werde ich es ja doch aus dir 'rauskriegen...«, meinte ich.

»Na gut, aber du schweigst! Dein Opa hat mich gebeten, dass ich der Testamentsvollstrecker werde, wenn ihm etwas zustößt. Er hat heute eine folgenreiche Entscheidung getroffen...« Nach einer kurzen Pause fügte Onkel Holger hinzu: »Er ist so verletzt, dass dein Vater nicht zur Beisetzung deiner Oma gekommen ist... und nun ist er für ihn gestorben!«

ᦢ   ᦣ

Düstere Zeiten lagen hinter mir. Denn innerhalb kürzester Zeit hatte ich drei Menschen verloren, die ich wirklich liebte. Und mir war klar, dass noch kein Licht am Ende des Tunnels auf mich wartete, wenn mein Opa bereits auf Omas Beerdigung mit Onkel Holger von seinem eigenen Tod und einem Testament sprach...

Jede Stunde, die ich mit ihm verbringen konnte, war mir seitdem wertvoller denn je. Demzufolge freute ich mich, wenn Katrin und Thomas oder Onkel Holger mir anboten, mit mir nach Berlin zu fahren.

Wenn Opa Gäste hatte, wurde viel geschnattert. Er interessierte sich für jeden Einzelnen, der mit mir mitgekommen war. Alle fragte er aus: »Wie läuft es auf der Arbeit?« »Was machen die Kinder?« »Wo verbringst du denn am liebsten deinen Urlaub?« Wenn er dann alles wusste, fing er selbst an zu berichten, welche Städte und Länder er früher mit seinem »Lieschen« bereist hatte, womit er vor Jahren sein Geld verdient oder was er im Krieg erlebt hatte.

Wenn ich mit Katrin und Thomas anreiste, war es schon ein kleiner Brauch, dass wir gemeinsam zu Mittag aßen. Anschließend erkundete das Ehepaar Berlin, damit Opa und ich etwas Zeit für uns hatten.

Natürlich hoffte ich auch jedes Mal inständig, dass er in trauter Zweisamkeit endlich das Geheimnis um meine Behinderung lüften würde. Aber umsonst! Denn der alte Mann liebte es, mich regelrecht auszuquetschen …

Einmal wollte er zum Beispiel von mir erfahren: »Was willst du eigentlich aus deinem tollen Studienabschluss machen?«

»Du, Opa, ich habe mich so bemüht, eine Arbeitsstelle zu kriegen, aber mit einer Behinderung … Nun bin ich fleißig in meiner Kirchengemeinde engagiert. Du kannst dir vorstellen, dass ich viele Kenntnisse aus dem Lehrstoff dort anwenden kann. Neulich erst hat mich der Pastor darum gebeten, mich in der Seelsorge einzubringen … und was kann mir da Besseres passieren, als die Grundlagen der Psychologie zu kennen! Einigen Leuten konnte ich auch schon weiterhelfen …«

»… ist ja super. Und – gibt's denn dafür Geld?«

»Nee, das mache ich freiwillig und gern«, antwortete ich.

Irgendwann drehte ich den Spieß um. Ich sagte: »Opa, ich hab' auch mal 'ne Frage …Was ist damals eigentlich vorgefallen. Wieso sitze ich heute im Rollstuhl?« Dabei klopfte mein Herz wie wild. Wir saßen gerade im Garten – mit einem kühlen Getränk auf dem Tisch vor uns, um uns die Sonne auf den Pelz scheinen zu lassen.

Plötzlich rutschte er auf seinem Stuhl unruhig hin und her. »Jana, wir haben dich ja erst mit zwei Jahren das erste Mal gesehen. Woher soll ich das wissen?«, antwortete er schroff. Er stand auf und meinte nur: »Ich muss jetzt mal aufs Klo!« Und weg war er …

Allein zurückgelassen fragte ich mich ernsthaft: »Hat er es vielleicht im Urin, dass ich die Wahrheit nicht ertragen könnte? Es muss ja grausam sein, was passiert ist!« Ich wusste, dass ich meinen Opa niemals wieder auf dieses empfindliche Thema anzusprechen brauchte. Er würde mir sowieso nichts erzählen – warum auch immer. Für mich sprach das ewige Schweigen allmählich Bände…

Bei weiteren Treffen mit Opa erfuhr ich noch eine Menge aus seinem Leben. In so mancher stillen Stunde erinnerte er sich, wie er seine erste Frau – die Omi aus Leipzig – kennen und lieben gelernt hatte; dass er stolz war, als sein erster und einziger Sohn zur Welt kam und warum er schweren Herzens die kleine Familie verlassen hatte. Er erzählte mir, wie er sich nach dem Mauerbau im Westen eine neue Existenz als selbstständiger Polsterer aufgebaut hatte; wo er seiner Elisabeth begegnet war und wie sie geheiratet hatten.

Wenn ich meinem Opapa – wie ich ihn inzwischen gern nannte – dabei in die leuchtend blauen Augen sah, redete ich im Stillen oft mit ihm: »Warum hab' ich dich erst so spät kennengelernt? Ich möchte dich gar nicht mehr hergeben!« Dann ging mir durch den Kopf: »Ist es heute vielleicht das letzte Mal… oder sehen wir uns wieder?« Manchmal erwischte ich mich selbst dabei, dass ich mich innerlich von ihm verabschiedete.

Natürlich nagte auch der Zahn der Zeit an Opas Körper. Im März 2006 wurde ihm plötzlich schwindlig. Er bekam schlecht Luft und fiel so unglücklich hin, dass er nicht mehr aufstehen konnte. Ärztliche Hilfe wurde erforderlich. Da die Schmerzen in seinem Bein wahrscheinlich größer waren, als es der alte Kriegsveteran zugab, kam er ins Krankenhaus. Gründlich wurde er untersucht. Die Diagnose war erschütternd: Oberschenkelhalsbruch.

Umgehend musste Opapa operiert werden. Onkel Holger informierte mich darüber, weil er nun in alle Entscheidungen mit einbezogen wurde. Das hatte mein Großvater in einer Patienten- und Betreuungsverfügung festgelegt …

Die OP war allerdings zu viel für ihn, weil sein Herz unterdessen einen Stillstand erlitt. Eine Reanimation war erfolglos. Mein Opa starb demnach am 23. März 2006 um 17.08 Uhr.

Zuerst war ich natürlich todtraurig, dass ich ihn hier auf Erden niemals wiedersehen würde. Aber schon nach wenigen Tagen hatte ich eine Mordswut auf ihn. Er hatte nämlich im Vorab bestimmt, dass seine Beerdigung nicht nur anonym stattfinden sollte, sondern auch an einem Ort und einem Tag, den kein Mensch erfahren durfte. Diese Maßnahme war für mich unbegreiflich. Noch nie hatte ich gehört, dass jemand so von dieser Welt verschwinden wollte. »Er nimmt uns die Möglichkeit, dass wir uns in Würde von ihm verabschieden können, indem er sich begraben lässt wie einen toten Hund! Weißt du, warum er sich so entschieden hat?«, wollte ich enttäuscht von meinem Onkel wissen.

Behutsam erklärte er mir: »Jana, das hat gar nichts mit dir zu tun, sondern mit deinem Vater. Sein Leben lang wollte dein Opa sich mit ihm versöhnen … sich mit ihm aussprechen. Er ist ihm ja regelrecht hinterhergelaufen! Aber dass Peter nicht mal zur Beerdigung deiner Oma gekommen ist, hat Friedrich das Herz gebrochen, das konnte er ihm nicht verzeihen. Und deshalb hat er verfügt, dass er sich quasi für seinen Sohn in Luft auflöst. Er sollte keinen Ort haben, wo er ihn betrauern kann.«

»Ich hab' nicht geahnt, wie sehr Opa darunter gelitten hat …«

»Na, du hast doch mitgekriegt, wie stur und böse dein Vater ist … was er angestellt hat!«, erwiderte Onkel Holger.

»Ja, einiges hab' ich ja mitgekriegt … am eigenen Leib gespürt. Aber was mir als Baby zugestoßen ist, erzählt mir ja keiner«, meinte ich. Dabei hoffte ich, dass mein letzter lebender

Angehörige mir nun endlich verriet, was damals vorfiel. Aber wieder einmal vergebens!

Hastig erhob sich Onkel Holger und sagte nervös: »Da gibt's nichts zu erzählen. Bei deiner Geburt ist etwas schiefgegangen. Aber das weißt du doch...«

Vielleicht hakte ich diesmal nicht noch einmal nach, weil ich durch die Trauer um Opa ohnehin so viele finstere Gedanken und Gefühle hegte, die ich zunächst ordnen musste. Aber ich hoffte sehr: Eines Tages wird – im doppelten Sinne – Licht ins Dunkel kommen!

DER TRAUER-FALL

WIE GUT, DASS ICH IN diesen schlechten Zeiten gute Freunde an meiner Seite wusste, die mich trösteten, mir Halt und Mut zusprachen – Katrin und Thomas, Conny und vor allem Tina und Tobias.

Gerade wir drei trafen uns nun einmal in der Woche, um gemeinsam in der Bibel zu lesen und zu beten. Damals verriet ich es niemandem: Aber ich hatte unheimlich große Wut auf Gott. Wie konnte er mir das alles antun? Welchen Sinn hatte das ganze Leiden und Abschiednehmen?

Es gab viele Bibelstellen, die mir bei solchen Treffen überhaupt nichts mehr sagten. Aber dann traf mich wieder eine mitten ins Herz. Warum, das wusste ich nicht… Die Stelle lautete: »Ich lasse dich nicht fallen und verlasse dich nicht. Sei mutig und stark« (Josua 1,5). Ich versprach mir von diesem Versprechen, dass ich mich jetzt auf bessere Zeiten einrichten durfte.

Natürlich war ich auch froh, dass ich – als letztes liebes Familienmitglied – Onkel Holger an meiner Seite wusste, der nach wie vor fast jeden Samstag zum Frühstück zu mir kam. Dabei tauschten wir uns rege darüber aus, wie es uns ging und wie die Woche gelaufen war.

Beim Essen dachte ich jetzt manchmal: »Er sieht richtig gut aus… Mein dicker Onkel macht eine Diät, steht ihm – das Abnehmen!« Doch ich sprach ihn nicht darauf an, bis er eines Morgens selbst davon anfing.

»Irgendwie könnte ich ein paar neue Hosen gebrauchen. Meine rutschen mir bald vom Hintern!« Dabei zog er die zurecht, die er trug.

»Was hältst du davon, wenn wir heute ein bisschen bummeln fahren?«, schlug ich vor. »Vielleicht finden wir ja eine oder zwei…«

Einverstanden, aufgestanden.

An jenem Tag klapperten Onkel Holger und ich etliche Herrenmodegeschäfte in Rostock ab. Es machte ihm sichtlich Spaß, neue Kleidungsstücke anzuprobieren und seine Erscheinung zu verändern. Als wir nach Stunden mit etlichen Tüten auf dem Heimweg waren, meinte ich: »Jetzt hast du ja Klamotten für die nächsten zwei Jahre!«

»Zwei Jahre? Für den Rest meines Lebens…«, erwiderte er.

»Na, wenn du weiter so abspeckst, müssen wir in ein paar Wochen schon wieder los…«, foppte ich meinen Onkel.

»Ich tu' eigentlich nichts dafür. Irgendwie geht das ganz von allein«, erklärte er stolz.

Noch fiel diese Tatsache nicht ins Gewicht – für uns beide.

Am darauffolgenden Sonnabend besuchten Onkel Holger und ich wieder einmal seine Frau in der Klinik. Er trug fast alle neuen Sachen, die wir eine Woche zuvor erworben hatten. Aber Tante Heidi nahm das gar nicht wahr. Eigentlich nahm sie überhaupt nichts mehr wahr. Ihre Augen waren leer. Vollgestopft mit Tabletten wippte sie mit ihrem Oberkörper nur noch hin und her, wobei sie leise immerzu den Namen ihres verstorbenen Sohnes sagte.

Irgendwann fing auch Onkel Holger nervös an, auf seinem Stuhl herumzurutschen. Er stand auf und erklärte im eiligen Gehen: »Ich muss mal aufs Örtchen…« An jenem Ort verweilte er allerdings eine gefühlte Ewigkeit, sodass ich mir schon Sorgen um ihn machte. Als er wiederkam, fragte ich ihn darum: »… alles in Ordnung?«

Ganz blass um die Nase antwortete er: »Nee, mir ist total schlecht... Ob der Fleischsalat heute Morgen nicht mehr gut war?«

»Daran kann's nicht liegen. Den hab' ich auch gegessen...«, kombinierte ich. »Komm, Tante Heidi und du – ihr müsst euch ausruhen... Lass uns nach Hause fahren! Dann kriegst du 'nen Kamillentee.«

Onkel Holger quälte sich förmlich durch die kommende Woche. Immer wieder litt er an Durchfall. Außerdem hatte er starke Bauchschmerzen. Wenn ich abends mit ihm telefonierte und mich nach seinem Wohlbefinden erkundigte, musste ich regelrecht auf ihn einreden. »Geh doch endlich zum Arzt! Dann kriegst du ein paar Mittelchen und dir geht es bald wieder besser...«

Nach zwei Wochen befolgte Onkel Holger endlich meinen Rat. Inzwischen kroch er jedoch schon auf dem Zahnfleisch, sodass er ohne Umschweife in die Klinik eingeliefert wurde. Seine Hausärztin wollte auf Nummer sicher gehen...

Onkel Holger musste nicht nur eine Magen-, sondern auch eine Darmspiegelung über sich ergehen lassen. Es wurde ein Ultraschall gemacht. Und dann kam die schockierende Nachricht: Er hatte Bauchspeicheldrüsenkrebs.

Weitere Untersuchungen folgten.

Es hatten sich noch keine Metastasen gebildet. Aber der Tumor war leider schon sehr groß und lag an einer so ungünstigen Stelle, dass eine Operation keine Option mehr war. Die Onkologen schlugen Bestrahlungen vor, die das Leben von Onkel Holger lediglich verlängern würden, doch keine Heilungschancen bieten könnten. Mutig fragte er den Arzt: »Wie lange hab' ich denn noch? Ich will die ungeschminkte Wahrheit...!«

»Ein Jahr – höchstens … Es tut mir leid!«, antwortete der Arzt anteilnehmend. »Wir werden aber alles tun, damit Sie keine Schmerzen haben …«

Die Botschaft riss diesem Mann im besten Alter den Boden unter den Füßen weg. Und auch ich war erschüttert. Sogar mein Glaube geriet wieder ins Wanken. Ganz verzweifelt betete ich: »O Gott, warum tust du das? Hast du mir denn nicht schon alles genommen, was mir lieb und teuer war? Und nun soll auch noch Onkel Holger sterben? Ich verstehe dich nicht, und langsam bezweifle ich auch, dass du ein Gott der Liebe bist! Bringt es wirklich etwas, an dich zu glauben?«

Obwohl ich total bestürzt war, nahm ich mir vor, meinem Onkel für den Rest seiner Tage eine Stütze zu sein. Zusammen mit Katrin oder Conny fuhr ich regelmäßig zu ihm nach Hause. Ich wollte einfach bei ihm sein.

Anfangs saß Onkel Holger einfach nur in seinem Sessel und starrte nachdenklich auf ein und dieselbe Stelle. Er redete kein einziges Wort. Sein Kummer war ja auch so unaussprechlich groß. Immer wieder rollte ich zu ihm. Ich ergriff seine Hand, damit er spürte, dass er nicht allein war und dass es mir ähnlich ging wie ihm. Dann schaute er mich mit ängstlichen Blicken an und drückte mich so innig, als ob er mir verständlich machen wollte: »Ich will festhalten – nicht loslassen … Ich will nicht gehen.«

Einmal lehnte ich mich bei meinem Onkel an und fragte ihn behutsam: »Was würdest du noch gerne tun?«

»Meinen Sohn sehen!«

Unbemerkt schnappte ich mir daher sein Notizbuch. Ich merkte mir die Telefonnummer seines Kindes, um es von zu Hause aus anzurufen. Jonas erklärte sich sofort bereit, am folgenden Wochenende nach Rostock zu kommen.

Onkel Holger blühte noch einmal richtig auf. Er genoss die Zeit mit seinem Sohn und versöhnte sich mit ihm. Es war sogar Jonas' Vorschlag, mit uns gemeinsam seine Mutter zu besuchen. Er versprach seinem Vater, dass er sie nach Salzburg holen und sich liebevoll um sie kümmern würde. So sollte sich Onkel Holger wenigstens darüber keine Sorgen mehr machen müssen.

Wenn ich meinen Onkel nun besuchte, kam es mir so vor, als ob er mit sich und seinem Leben im Reinen war ... Er war so gefasst und verfasste sogar noch sein Testament.

Als es abends jedoch schneller dunkel wurde, musste Onkel Holger über Nacht ins Krankenhaus. Sein Zustand hatte sich mittlerweile so verschlechtert, dass er rund um die Uhr medizinisch versorgt werden musste. Es war für mich schwer, mit anzusehen, wie sehr er immer mehr litt.

Am 3. November 2008 wurde ich in aller Herrgottsfrühe aus dem Bett geklingelt. Als ich auf dem Display meines Telefons die Nummer sah, dachte ich: »Bitte nicht ...« Eine Schwester aus der Klinik rief an.

Zögerlich nahm ich den Hörer ab. Ich fragte sofort: »Ist etwas mit meinem Onkel?«

»Ihm geht es sehr schlecht. Er hat mich darum gebeten, Sie anzurufen, weil er Sie dringend sprechen möchte. Können Sie heute noch vorbeikommen?«

»Sie können ihm sagen: Ich bin schon auf dem Weg.«

Auf der Fahrt ins Krankenhaus spielten meine Gedanken verrückt: »Was is'n los? Ob was passiert ist? Aber eigentlich ... Was soll schon noch passieren – außer ...? O Mann, noch mehr Hiobsbotschaften ertrag' ich bald nicht mehr!«

Mein Herz schlug bis zum Hals. Ich rang nach Luft. Viel zu lange musste ich auf den Fahrstuhl warten, der mich in den zweiten Stock befördern sollte. Als ich oben endlich auf dem langen Flur in Richtung Zimmer 242 rollte, wusste ich auf einmal instinktiv, dass der Augenblick gekommen war, an dem ich mehr über meine Behinderung erfahren sollte.

Ich holte noch einmal tief Luft, bevor ich leise die Tür öffnete. »Hallo …«, sagte Onkel Holger angestrengt, der im Bett eines Einzelzimmers lag. »Jana, ich … ich muss dir was sagen. Du hast ein Recht darauf … Ich kann nicht länger schweigen – jetzt, da ich …«

Obwohl ich es kaum erwarten konnte, endlich die ganze Wahrheit von ihm zu hören, beruhigte ich ihn. »Sprich langsam! Mach 'ne Pause!«

»Du hast es ja die ganze Zeit geahnt … Und es stimmt: Bei dir ging es nicht mit rechten Dingen zu …« Onkel Holger stützte sich hoch, hielt sich mit der rechten Hand am Bett-Galgen fest und sagte: »Jana, du warst … du bist – als Baby – ein Schreikind gewesen und hast alle auf Trab gehalten: besonders deine Eltern, deinen Bruder, deine Omi … sogar die Nachbarn. Irgendwann war jeder am Ende mit seinen Nerven – so sehr hast du gebrüllt!« Onkel Holger japste nach Luft. Er hatte kaum noch Kraft. Erschöpft ließ er den Galgen los und fiel zurück in das Bett. Ganz leise hörte ich ihn nur noch sagen: »So wurdest auch du fallengelassen – eines Nachts … Du bist mit dem Kopf zuerst unten aufgekommen …« Sein Atem wurde immer schwächer. Er konnte nichts mehr sagen. Mit großen Augen sah er mich an, aber seine Stimme versagte.

»… von wem? Wer hat mich fallengelassen? Wo bin ich aufgekommen?«, fragte ich ihn noch leise, aber eindringlich. Ich bekam feuchte Augen, und es dauerte nicht lange, bis mir die erste Träne über die Wange lief. Denn ich merkte, dass mein Onkel nicht mehr atmete und eingeschlafen war – für immer.

146

Ermattet legte ich meinen Kopf an seine Schulter und heulte wie ein Schlosshund. »Onkel Holger…«, schluchzte ich dabei immer wieder. »Du kannst doch nicht gehen… nicht jetzt… nicht so…«

Dann betrat eine Krankenschwester das Zimmer. Sofort merkte sie, was passiert war. Sie zog mich von seinem Bett zurück und versuchte, mich zu trösten. »Das war abzusehen. Ihr Verwandter muss jetzt nicht mehr leiden…«

Verdattert sah ich sie an und dachte nur: »Du hast doch überhaupt keine Ahnung!« Aber ich sagte traurig zu ihr: »Ja, für ihn ist es besser so…«

Anschließend konnte ich mich für einen Moment von meinem Onkel verabschieden, der soeben verschieden war.

Auf dem Parkplatz wartete Katrin in ihrem Auto auf mich, um mich einzuladen. Als sie mich schon von weitem sah, wie niedergeschlagen ich auf sie zukam, stieg sie aus. »So schlimm…? Was hat er dir erzählt – und wie geht's ihm überhaupt?«

Nachdem wir im Auto saßen, erzählte ich Katrin, was ich soeben erlebt hatte. »Herzliches Beileid, Engelchen!«, sagte sie betroffen, während sie mich in ihre Arme schloss.

»Alle sind jetzt tot, die mir etwas bedeutet haben!«, resümierte ich. »Nun hab' ich gar keinen mehr aus meiner Familie. Ich bin ganz allein…«

»Nee, Schätzelein, du hast immer noch uns: Und das wird hoffentlich noch lange so bleiben«, versicherte sie mir.

Ich übernachtete bei Thomas und Katrin. Doch ich bekam in jener Nacht kein Auge zu. In meinem Kopf drehte sich ein unermüdliches Gedankenkarussell, und meine Gefühle fuhren Achterbahn. Immer und immer wieder quälte mich die Frage: »Wer hat mich damals als Baby fallengelassen – und warum…

und wohin: Ein Nachbar, Dirk, die Omi, mein Vater oder meine Mutter? War es aus Versehen oder absichtlich…?«

Ich ließ meine Kindertage an mir vorüberziehen. Und währenddessen verabschiedete sich der erste Schock. Wut und Resignation kehrten in das gesamte Gästezimmer ein. »Vielleicht wäre es wirklich besser gewesen, wenn ich als Baby gestorben wäre! Wie viel wäre mir erspart geblieben – an Leid, an Ungerechtigkeit, an Ablehnung… So viel Elend kann doch kein einzelner Mensch ertragen! Jeden Tag solche Schmerzen… Worauf muss ich nicht alles verzichten! Ich hätte jetzt auch nicht miterleben müssen, wie einer nach dem anderen stirbt, der mir etwas bedeutet! Das ist doch kein Leben… Warum gerade ich? Wann ist endlich einmal Schluss damit?« Ich spürte eine unheimliche Todessehnsucht in mir – zumal ich das Verhalten meiner Eltern überhaupt nicht nachvollziehen konnte: »Wenn sie mit mir – als Schreikind – überfordert waren, wieso haben sie mir nicht ein Leben bei Pflegeeltern ermöglicht oder mich im normalen Kinderheim abgegeben? Wie oft haben sie mir vorgehalten, dass sie meinetwegen von Wahren nach Leipzig umziehen mussten. Das habe ich nie von ihnen verlangt«, wetterte ich im Dunkeln.

In mir war es finster, als Onkel Holger am 16. November 2008 beigesetzt wurde… Schon im Voraus hatten Vater und Sohn alles für die Trauerfeier vorbereitet. Kein engagierter Redner sollte sentimentale Worte über Holger Jansen verlieren. Jeder Gast wurde animiert, nicht in schwarz, sondern in seiner Lieblingskleidung zu erscheinen. Jonas hatte eine Präsentation mit Aufnahmen aus dem Leben seines Vaters zusammengestellt.

Es wurden ausnahmslos seine Lieblingslieder gespielt: Evergreens von Herbert Grönemeyer, Gerhard Schöne, Herman van Veen…

Bei einem Ohrwurm von Udo Lindenberg bekam ich Gänsehaut. Mir war so, als ob mein Onkel sich persönlich von mir verabschiedete und mir Hoffnung zusprach:

Hinter'm Horizont geht's weiter – ein neuer Tag,
hinter'm Horizont immer weiter.
Zusammen sind wir stark!

Das mit uns ging so tief 'rein.
Das kann nie zu Ende sein,
so was Großes geht nicht einfach so vorbei!

Auf einmal war Gott für mich wieder präsent. Ja, er hatte sich mir gerade wieder zum Präsent, zum Geschenk gemacht, weil er mich daran erinnerte, dass es mehr gab zwischen Himmel und Erde als das, was ich vor Augen sah. Momentan war ich viel zu viel mit mir selbst beschäftigt, sodass ich keinen Blick dafür hatte. Aber nun wurde ich sogar ein bisschen getröstet…

Wieder dachte ich an Onkel Holger. Mir kamen die Tränen. So oft hatte er zuletzt davon gesprochen, wie gern er noch ein paar Jahre leben würde. Schließlich hatte er noch nicht einmal das Rentenalter erreicht. Er wäre am liebsten um die Welt gereist, hätte viel Zeit mit seinem Sohn verbracht und dessen Freundin kennengelernt, die schwanger war. Es machte ihn traurig, dass er nicht mehr erleben würde, wie sein Enkelchen aufwuchs. Und was hatte ich inzwischen getan? Ich hatte mir gewünscht, dass ich als Baby gestorben wäre. Mit meinem Leben hatte ich gehadert, was doch das größte Geschenk von Gott an mich war.

Als die Urne mit Onkel Holger in das Grab seines geliebten Sohnes Lukas in die Erde gelassen wurde, schämte ich mich in Grund und Boden. Natürlich war ich auch todunglücklich, dass ich meinen letzten Familienangehörigen verloren hatte, der wirklich zu mir hielt. Seitdem ich nach Rostock gezogen war, hatten wir so viele schöne Dinge zusammen erfahren. Wir hatten uns quasi angefreundet, teilten Freude und Leid miteinander. Außerdem war er der Einzige, der ehrlich zu mir war und das Schweigen gebrochen hatte. »Danke für das, Onkel Holger, was du mir bist und was du für mich getan hast …«, sagte ich in Gedanken zu ihm. »Du hast recht: Das mit uns ging so tief 'rein. Das wird nie zu Ende sein, so was Großes geht nicht einfach so vorbei!« Und darum nahm ich mir nach den vielen, großen Katastrophen vor, noch einmal klein anzufangen.

AUFRÄUMEN

OBWOHL JONAS NOCH RICHTIG AUFGELÖST war, weil sein Vater nicht mehr unter uns weilte, hatte er eine Woche nach der Beerdigung die Wohnung in Rostock aufgelöst. Wie versprochen nahm er seine Mutter mit und fuhr mit ihr zurück nach Salzburg.

Gott sei Dank gab es noch Katrin und Thomas, Conny, Tina und Tobias, die für mich mehr als nur Freunde waren. Wir redeten jetzt viel miteinander – auch über das, was Onkel Holger mir am Ende seines Lebens offenbart hatte. Allmählich merkte ich in Gesprächen mit ihnen, dass Zorn keine Lösung war. Im Gegenteil: Damit machte ich mir selber nur das Leben schwer.

So langsam verwandelte sich meine Wut in Wehmut. Ich stellte mir oft vor, was aus mir geworden wäre, wenn ich nicht diese Behinderung hätte. Wahrscheinlich wäre ich heute glücklich verheiratet, hätte eins, zwei, drei Kinder, ein Häuschen im Grünen und eine Praxis als Psychologin. Doch die schönste Vorstellung von allen war ein Leben ohne Einschränkungen und Schmerzen. Die Realität sah inzwischen nämlich so aus, dass ich nicht mehr alleine essen konnte und damit gefüttert werden musste; dass ich von Katrin oder Conny morgens und abends gewaschen wurde; dass ich mich im Bett nicht einmal mehr alleine umdrehen konnte. Darum wurde aus den anfänglichen acht Stunden auch eine Rund-um-die-Uhr-Assistenz nötig.

An einem Sonntag im Dezember 2008 luden Tobias und Tina mich nach dem Gottesdienst ein, um bei ihnen zu essen. Nach dem leckeren Eintopf legte Tina ihre beiden Kinder zum Mittagsschlaf hin. Tobias und ich blieben noch eine Weile am Küchentisch sitzen und tranken einen Cappuccino, als er sagte: »Weißt du, was mir die ganze Zeit durch den Kopf geht? Bei unserem letzten Treffen bist du doch über den einen Bibelvers gestolpert. Weißt du noch?«

Ahnungslos runzelte ich die Stirn und erwiderte: »Nee, ich weiß gerade nicht, welchen du meinst ...«

»Na, der: ›Ich lasse dich nicht fallen und verlasse dich nicht. Sei mutig und stark‹ (Josua 1,5). Bekommt der jetzt nicht erst richtig Bedeutung, nachdem du weißt, dass du fallengelassen wurdest? Gott will dich daran erinnern, dass du das bei ihm nie zu befürchten hast.«

Langsam und leise wiederholte ich: »Ich lasse dich nicht fallen! ... dich – nicht – fallen! Das stimmt. Er ... ja, er wird immer für mich da sein. Er handelt wie ein richtiger Vater: O Gott, warum hab' ich das nicht schon viel eher gesehen?«

»Dein Kummer hat dich vergessen lassen, dass er sich immer um dich kümmert ...«, betonte Tina, die schon eine Weile im Türrahmen stand und zuhörte.

»Trotzdem: Wenn ich ehrlich bin, frage ich mich manchmal schon, warum er das nicht verhindert hat. Wer, wenn nicht er ...?«

»Ach, Jana, wenn uns Menschen Schlimmes widerfährt, wollen wir oft Gott dafür verantwortlich machen. Wir fragen: ›Warum lässt er das zu?‹ Aber dabei ist das Leid in der Welt oft – ich betone: oft – die Konsequenz von unserem eigenen Verhalten. Gott hat uns Menschen einen freien Willen gegeben. Wir können uns immer entscheiden – entweder für ihn oder gegen ihn, entweder für das Gute oder das Schlechte. Wer auch immer dich fallenließ ... ob es deine Omi, Dirk oder ein Elternteil von dir war – der- oder diejenige hat sich damals entschieden, Böses zu tun. Mit Garantie wollte Gott das nicht ...

Er hat bestimmt geweint, als das passiert ist. Doch du hast auch die Wahl, wie du damit umgehst: Du kannst unerbittlich sein und mit Gott und der ganzen Welt ein Leben lang ins Gericht gehen. Oder das Beste aus der Situation machen und sie alle, die dir übel mitgespielt haben, irgendwann loslassen, freisprechen, ihnen vergeben. Es liegt an dir!«, erklärte Tina.

»Das heißt: Dann kommt die oder der einfach so davon?«, protestierte ich.

»Du, vergeben bedeutet nicht unbedingt, dass jemand entschuldigt ist!«, erwiderte Tobias. »Wer auch immer dir das angetan hat, sitzt – früher oder später – auf der Anklagebank im Himmel. Gott wird sein Richter sein. Überlass' ihm das Urteil. Das befreit dich ...«

»Vielleicht habt ihr recht!«, sah ich ein. »Ich entscheide mich jetzt wieder einmal dafür, zu vergessen, was hinter mir liegt ... Aber trotzdem muss ich wohl noch eine Weile zurückdenken, mich an meine Familiengeschichte erinnern ...«

Ich begab mich auf Schatzsuche. Auf der Reise in die Vergangenheit meiner Angehörigen hoffte ich, dass ich auf eine Goldgrube von wertvollen Hinweisen stieß, die mir Aufschluss darüber gaben, wodurch jeder und jede wurden, wie er oder sie waren.

Selbst hatten meine Eltern mir nie etwas erzählt, was sie in ihrer Kindheit erlebten. Dafür wusste ich von Onkel Holger, dass er und seine Schwestern eine unbeschwerte Kindheit genießen konnten. Sie wurden von ihren Eltern recht liebevoll und fürsorglich umhegt. Dennoch war meine Mutter, die Jüngste der drei Geschwister, von Anfang an sehr schüchtern, angepasst und ruhig. Meistens verkroch sie sich in eine Ecke und spielte mit ihrer Puppe, die Sandra hieß. Und als sie Teenie war, strickte sie Sachen für sich zum Anziehen. Nur selten ging sie auf Partys oder hing mit anderen Jugendlichen ab. Sie hatte keine Freunde. Im Gegensatz zu ihrer Schwester und ihrem Bruder hatte sie kaum eine eigene Meinung. Auch in späteren Jahren besaß sie ziemlich wenig Durchsetzungsvermögen. Onkel Holger beschrieb meine Mutter als ein Mauerblümchen, das manchmal wie ein Primeltopf einzugehen drohte, obwohl sie nie stiefmütterlich behandelt wurde ...

Von den ersten Lebensjahren meines Vaters hatte ich eigentlich gar nichts in Erfahrung bringen können. Auch seine Mutter – die Omi – erzählte auf mein ständiges Nachfragen nie, womit er sich als Kind beschäftigte und ob er eher ein Angsthase oder ein Streithammel war. Stattdessen schimpfte sie andauernd über ihren ersten Mann. »Wenn der mir noch mal über den Weg laufen würde, würde ich den mit der Bratpfanne verdreschen!«, erwähnte sie am laufenden Band. Ich war ungefähr 14 Jahre alt, als ich von ihr wissen wollte, was er denn angestellt hatte. Aber sie entgegnete nur schroff: »Das geht dich nichts an!«

Aus freien Stücken erfuhr ich viele Jahre später Opas Version. Er dachte zurück: »Magrit und ich wohnten in derselben Straße in Wahren. Wir kannten uns also schon recht lange. Unsere Eltern waren sogar miteinander befreundet. Früher war es noch üblich, dass die alten Herrschaften bestimmten, wen man zu heiraten hatte und wen nicht. Ich fand: Sie hatten gar nicht so eine schlechte Wahl für mich getroffen. Denn Magrit sah richtig gut aus, hatte Charme und war entzückend. Ich verliebte mich in sie, und im Juni 1947 hatten wir uns ewige Treue geschworen. Ein Jahr später kam unser Sohn zur Welt. Ich war stolz wie Oskar auf meinen kleinen Peter und hätte alles für ihn

Hier – auf meinem Balkon – denke Ich intensiv über den Fall nach.

gegeben ... Alles war so perfekt – unsere kleine Familie!« Mein Großvater schluckte. Seine Miene verfinsterte sich, bevor er enttäuscht weitersprach: »Anderthalb Jahre nach der Hochzeit merkte ich aber schon, dass sich meine Frau zu anderen Männern hingezogen fühlte. Als ich sie daraufhin ansprach, sagte sie bloß, dass sie mich nicht lieben würde und mehr brauchte. Sie traf sich mit ihnen – zuerst heimlich. Ich schaute zu ... schon um des lieben Friedens willen. Doch mit der Zeit brachte sie ihre Liebhaber sogar mit nach Hause. Ich machte ihr klar, dass das so nicht weiterging. Schon wegen unseres Jungen sollte sie damit aufhören. Ich stellte sie vor die Wahl: entweder andere oder ich ... Dann erwischte ich Magrit eines Abends in flagranti. In unserem Ehebett hatten sie's getrieben ... Das war zu viel für mich! Ich packte meine Koffer und fuhr – ohne ein Wort zu sagen – erst einmal zu meinem besten Freund nach Neukölln. Weil ich wusste, dass sich meine Frau niemals ändern würde, reichte ich irgendwann die Scheidung ein...« Opa ergänzte: »Für mich stand fest, meinen Sohn zu mir zu holen. Aber vorher wollte ich mir erst einmal eine neue Existenz aufbauen: eine eigene Wohnung, neue Arbeit, damit ich meinem Jungen etwas bieten konnte! Doch dann geschah das Unvorhersehbare: Am 13. August 1961 wurde über Nacht die innerdeutsche Mauer errichtet. Damit konnte keiner rechnen... Mein Sohn wurde für mich unerreichbar! Ständig schrieb ich ihm Briefe, in denen ich ihm erklärte, dass ich ihn liebte und dass ich alle Hebel in Bewegung setzen wollte, damit wir uns bald wieder in den Armen liegen konnten. Die Briefe kamen jedoch alle wieder zurück. Ich denke mal, seine Mutter hatte ihm die gar nicht gezeigt... Auch auf meine Pakete, die ich ihm jedes Jahr zum Geburtstag oder zu Weihnachten schickte, kamen keine Reaktionen. Ob er überhaupt etwas davon wusste...?« Tränen standen meinem Großvater in den Augen – so sehr bewegte ihn seine Lebensgeschichte immer noch. »Jahre später, als Peter schon allein wohnte, besuchte ich ihn in Wahren. Aber damals beschimpfte er mich nur. ›Schweinehund‹, ›Drecksau‹, ›Rabenvater‹ hatte er mich genannt... Und als ich ihm klarmachen wollte, dass er so mit mir nicht reden konnte, schmiss er mich achtkantig 'raus. Seitdem haben wir nie wieder vernünftig miteinander gesprochen...«, bedauerte der alte Mann.

Durch die Erinnerungen, die Onkel Holger, die Mutter meines Vaters und Opa irgendwann in Worte gefasst hatten, konnte ich mir allmählich ein Bild davon machen, warum meine Eltern so oft aus dem Rahmen gefallen waren:

Als mein Großvater seinerzeit in der Nacht- und Nebelaktion verschwand, war das für den 13-jährigen Jungen ein

Schock. Er erlitt ein Trauma, von dem er sich niemals wieder richtig erholte. Jedenfalls wurde er emotional geschädigt. Wie allein und verlassen musste er sich gefühlt haben? Sein großes Idol, sein fester Halt hatte sich einfach aus dem Staub gemacht – ohne Erklärungen, ohne Abschied und die Hoffnung auf ein baldiges Wiedersehen. Vielleicht entstanden in ihm Schuldgefühle. Er stellte sich wahrscheinlich vor, dass ihn sein Vater betrogen und nie geliebt hatte. Und außerdem verriet seine Mutter ihm ja nie die Wahrheit, warum sein Vater wirklich gegangen war. Im Gegenteil: Sie erzählte ihrem Sohn haufenweise Märchen über ihn, sodass jener seine Liebe zu ihm verbuchte – unter: »Es war einmal…«

So ganz allmählich entstand bei mir sogar Mitgefühl für den kleinen Jungen und das kleine Mädchen, die irgendwann groß und selbst Eltern wurde. Jetzt erkannte ich, dass beide innerlich im Grunde Kinder geblieben waren.

Ich kombinierte, dass meine Eltern mit ihren Eigenschaften und Erfahrungen, die sie in ihren Kindertagen gesammelt hatten, sehr gut zusammenpassten. Bereits sehr früh war mein Vater der einzige, beständige Mann im Haus. Denn so schnell, wie die Geliebten seiner Mutter kamen, gingen sie wahrscheinlich auch wieder. Keiner interessierte sich wohl wirklich für ihn. Dadurch machte er, was er wollte. Er meinte scheinbar, sich alles erlauben zu können…

Meine Mutter hingegen widersetzte sich niemals. Sie nahm alles hin, wie es kam, sodass sie in der Ehe auch unter dem Pantoffel ihres Mannes stand. Dementsprechend war sie auch ein permanenter Stinkstiefel, wenn es um uns Kinder ging. Irgendwo musste ja auch sie Dampf ablassen…

Nachdem ich mich ein paar Tage intensiv mit der Vergangenheit meiner Eltern beschäftigt hatte, sah ich deren Welt auf einmal in einem ganz anderen Licht. Mir wurde klar, wie unglücklich beide durch das Leben gingen.

Ich wurde regelrecht sentimental. Ich versuchte, mich zu erinnern, ob es in meinem bisherigen Leben nicht wenigstens eine erfreuliche Erfahrung, eine schöne Situation mit meinem Vater gegeben hatte, die ihn für den Rest meiner Tage ehrbar machte. Aber so sehr ich auch in meinem Oberstübchen kramte und darin aufräumte – ich wurde nicht fündig. Nicht einmal eine liebevolle Geste oder ein Satz der Anerkennung fiel mir ein. Demzufolge wollte ich ihn jetzt innerlich loslassen – so wie er mich damals bereits losgelassen hatte, als er mir die bösen Briefe geschrieben hatte!

Bei meiner Mutter sah das nicht viel anders aus. Aber irgendwie fühlte ich mich noch zu ihr hingezogen – vielleicht deshalb, weil sie mir das Leben geschenkt hatte. Deshalb verspürte ich auch jetzt zum ersten Mal den Wunsch in mir, ihr Grab auf dem Friedhof in Leipzig zu besuchen und endlich zur Ruhe zu kommen – ähnlich wie sie.

An einem warmen Sommertag im Juli 2009 machten Katrin und ich uns auf den Weg. Auch Tina und Thomas kamen mit. Sie hatten extra Urlaub genommen, um uns begleiten zu können. »Man weiß ja nie, ob dein Vater nicht da 'rumschleicht und dir am Ende noch was antut…«, meinten meine Freunde unabhängig voneinander. »Wir kommen lieber mit!«

Während der ganzen, langen Fahrt sprachen wir kaum ein Wort miteinander. Uns allen war jener Ausflug nicht geheuer. Vor allem ich hatte große Angst davor, dass ich dem Ungeheuer namens Vater noch einmal begegnen könnte…

Auf dem Friedhof herrschte Totenstille. Eine einzige ältere Frau war dort zu sehen, die gerade mit einer Gießkanne in der Hand Wasser zu holen schien, um ein ihr bekanntes Grab in Schuss zu halten. Wir atmeten alle tief durch. Trotzdem blieben wir zusammen, um die letzte Ruhestätte meiner Mutter auf dem großen Gelände zu suchen.

Es dauerte eine Weile, bis wir sie gefunden hatten. Anhand der Jahreszahlen auf dem Grabstein war jeder Irrtum ausgeschlossen: Hier lag Ursula Schumacher begraben! Mir wurde richtig mulmig, als ich in meinem Rollstuhl davor saß. Zu wissen, dass meine Mutter nicht mehr lebte, war etwas ganz anderes, als es mit eigenen Augen zu sehen. Es war so endgültig. Ich würde sie niemals wieder sehen, mit ihr ein Wort wechseln oder ihr in die Augen schauen können. Ganz fest versuchte ich, mich an ihr Gesicht zu erinnern. Aber das Bild von ihr war schon erheblich verblasst ...

Meine Freunde gaben mir ein bisschen Zeit, um endlich Frieden zu schließen. Sie entfernten sich etwas. Doch sie behielten mich im Auge, damit mir wirklich nichts zustoßen konnte ...

Als ich mich ungestört fühlte, fing ich an, mit meiner toten Mutter zu reden: »Ach, Mutti, ich hätte mir gewünscht, dass wir von Anfang an offen und ehrlich miteinander umgegangen wären ... Aber ich kann nachvollziehen, dass du mehr zu deinem Mann gehalten hast als zu mir ... Ich wollte dir an dieser Stelle auch nur einmal sagen, dass ich dir hoch anrechne, dass du mir das Leben gegeben hast. Denn du sollst wissen: Ich bin gern auf der Welt – trotzdem! Eins macht mich auch noch stolz: Dadurch, dass ihr mich als Eltern nie so richtig unterstützt habt, bin ich für meine Verhältnisse schon recht früh selbstständig geworden. Ganz unbewusst habt ihr mir beigebracht, genau zu wissen, was ich will und was nicht. Auch wenn ihr mich tagein, tagaus schikaniert habt, bin ich stark und selbstbewusst geworden. Egal, was gewesen ist: Es ist vorbei! Ich werde dir nichts mehr nachtragen, Mutti. Von daher – ruhe in Frieden, bis wir uns hoffentlich einmal wiedersehen …« Mir standen Tränen in den Augen. Doch mein Herz raste auf einmal nicht mehr. Denn indem ich mir gerade an der richtigen Stelle von der Seele gesprochen hatte, was mich bewegte, war es ganz still in mir geworden.

Plötzlich starrte ich nicht mehr nur auf das viele Unkraut auf der Ruhestätte meiner Mutter, sondern auch nach links und rechts. Und da nahm ich es wahr: Auf der einen Seite von ihr lag mein Bruder und auf der anderen Seite die Mutter meines Vaters – die Omi.

Dirks Grab wirkte sehr gepflegt. Hier schien häufig jemand herzukommen, um eine Anlaufstelle für seine Trauer, Erinnerung und Hoffnung zu haben. »Wahrscheinlich sind es seine Mädchen oder sogar Dagmar«, überlegte ich. Auf seinem Grabstein war zu lesen: »Du bist viel zu früh gegangen!« Dieser Satz berührte mich in dem Moment so sehr, dass mir deutlich bewusst wurde, wie unerfüllt sein kurzes Leben war. Unsere Eltern hatten auch ihm keine unbeschwerte Kindheit und Jugend beschert. Im Gegenteil! Schon früh hatten sie ihn seinem eigenen Schicksal überlassen. Nach der politischen Wende war sein Studium für Marxismus-Leninismus umsonst. Von seiner Laufbahn hatte Onkel Holger erzählt, der ja öfter mit seiner Schwester Simone telefoniert hatte. Dirk konnte kein Parteisekretär mehr werden. Er musste sich umorientieren und wurde Vertreter für Kosmetik, was allerdings nicht sein Traumberuf war. Zum Glück fand er bei Dagmar und ihrer Familie Zuflucht, Halt und Geborgenheit. Die Liebe zu seiner Frau und den beiden Kindern schien sein einziges Glück gewesen zu sein, bis er unheilbar krank wurde …

»Ob ihr euch am Ende wenigstens versöhnt habt?«, dachte ich, während ich abwechselnd beide Gräber betrachtete. »Ich würde es euch gönnen, weil ihr dann friedvoller eingeschlafen wärt…«

Anschließend schaute ich auch noch einmal zur Ruhestätte meiner Omi. Aber – es war so seltsam: Irgendwie empfand ich überhaupt nichts dabei, dass sie schon im Jahr 2002 gestorben war: keinen Abschiedsschmerz und keine Schwermut.

In diesem Augenblick spürte ich eine warme Hand auf meiner Schulter. In Gedanken versunken erschrak ich und sofort befürchtete ich: »Mein Vater… er ist da!« Aber es war Katrin, die bei mir sein wollte, um zu erfahren, was in mir vor sich ging.

»Guck mal, sie ist auch schon tot«, sagte ich sachlich. »Warum lässt mich das kalt?«

»… weil über eure Beziehung schon genau soviel Gras gewachsen ist wie auf ihrem Grab«, antwortete Katrin. »Oder wann hat sie sich mal für dich interessiert und dich verteidigt? Du konntest mit ihr doch nie warm werden! Und außerdem: Sie hat immer deinen Vater in den Himmel gehoben… und deinen Opa betrogen… Dadurch bewahrst du gerade auch 'nen kühlen Kopf.«

Inzwischen waren auch meine zwei anderen Freunde wieder zu mir gekommen. Nacheinander umarmten sie mich – als Zeichen der Verbundenheit und der Anteilnahme. Irgendwie verstanden wir uns auch ohne Worte. Was war das doch für ein unsagbares Geschenk!

Ein letztes Mal sah ich zu den drei Gräbern hin und dachte insgeheim: »Gut, dass ich euch kennenlernen durfte und dass ihr jetzt in Frieden hier weiter liegen bleiben könnt!« Dann drehte ich mich um, und wir fuhren zurück nach Hause – dorthin, wo sich das Leben abspielte…

Da ich nun mit meiner Familie versöhnt war und ihr vergeben hatte, konnte ich jetzt getrost sagen: »Ich vergesse, was hinter mir liegt und strecke mich aus nach dir...« Ich wandte mich wieder dem Licht der Welt und der Sonne zu, weil ich vor den Schatten meines Lebens nicht mehr fliehen musste.

EIN GOTT FÜR ALLE FÄLLE

NOCH IMMER SASS ICH IN der Sonne ... auf meinem Balkon an dem herrlichen Augustvormittag im Jahre 2015.

»Soll ich dir nicht endlich mal den Schirm aufspannen?«, fragte Katrin mich plötzlich. »Sonst bekommst du mir am Ende noch 'nen Stich. ... einen kleinen Schatten hast du ja schon«, foppte sie mich.

Ich öffnete die Augen und sagte leise: »... ist vielleicht vernünftig. Aber das Licht und die Wärme tun so unendlich gut!«

»Willst du etwas trinken? Ich hab' hier ein bisschen verdünnten Holunderblütensirup. Den magst du doch so!«

»O ja, gern«, entgegnete ich. »Ich habe richtig Durst. Du liest mir echt jeden Wunsch von den Augen ab, Engelchen! Danke ...«

Nachdem Katrin den Sonnenschirm aufgespannt hatte, hielt sie mir ein Glas mit einem Strohhalm so an den Mund, damit ich das erfrischende Getränk problemlos zu mir nehmen konnte.

Als ich alles ausgeschlürft hatte, fragte sie: »Wo warst du denn eben mit deinen Gedanken? Ziemlich weit weg, oder? Ich hab' dich beobachtet!«

»Och, ich hab' gerade im Schnelldurchlauf eine Zeitreise durch mein Leben gemacht.«

»Und – wo führte sie letztendlich hin?«

»... zu mir selbst – und zu meinem himmlischen Vater, der in jedem Fall immer für mich da ist!« Einen Augenblick überlegte ich. Dann schlussfolgerte ich: »Weißt du, ich habe mich lange darüber geärgert, dass ich nicht eine Stunde früher zu Onkel Holger gefahren bin, bevor er gestorben ist. Er hätte mir noch so viel mehr erzählen können, was passiert ist ... warum ich behindert bin. Aber heute – ? Ich glaube daran, dass es gut ist, nicht alles wissen zu müssen. Meine offenen Fragen sind bei Gott gut aufgehoben. Egal, wer mich wann, wo, warum und wohin fallengelassen hat – ich lebe. Und ich lebe gut... bin glücklich. Trotz des Rollstuhls gehe ich heil und gesund durch das Leben, weil ich von oben beschützt und bewahrt wurde! Das ist das größte Geschenk, das ich kriegen konnte. Aus diesem Grund vergebe ich mir nichts, wenn ich allen vergebe, die es mir nicht leicht gemacht haben. Nun kann ich wirklich sagen: ›Ich vergesse, was dahinten ist, und strecke mich aus nach dem, was da vorne ist...‹«

»Weißt du, was ich auch noch super finde?«, erwiderte meine beste Freundin. »Mittlerweile kann Gott deine Erfahrungen, dein Leid benutzen, um andere aufzuheben, die am Boden liegen!«

❧ ❧

Nachdem auch Onkel Holger verstorben war, hatte ich das todsichere Gefühl, dass ich mein Leben mehr denn je Gott zur Verfügung stellen sollte. Selbst der Pastor meiner Kirchengemeinde hatte beobachtet, dass mich meine ganzen Schicksalsschläge nicht umgehauen hatten, sondern dass sie mich stärker werden ließen. Irgendwann meinte er: »Ich glaube: Du hast das Talent zum Predigen.«

»... und meine Sprachbehinderung?«, hatte ich skeptisch angemerkt.

»Man versteht dich doch gut«, ermutigte er mich. »Gerade mit deinem Handicap kannst du der Welt zeigen, dass man Grenzen überwinden kann. Außerdem: Du bist so lange durch die Hölle gegangen, dass du anderen Menschen viel mehr vom Himmel erzählen kannst als andere! Dir wird man glauben!«

Und so predige ich seit ungefähr sechs Jahren zusammen mit ihm öfter in unserer Kirchengemeinde. Ich arbeitete die Inhalte aus, und gemeinsam stellten wir uns auf die Kanzel. Es war zwar jedes Mal aufregend und anstrengend für mich, aber ich wurde auch mit Freude erfüllt.

Dem Pastor gefielen die Inhalte meiner Ausarbeitungen sogar so gut, dass er seine Kollegen auf mich aufmerksam machte. Deshalb hatte ich inzwischen auch schon zusammen mit anderen Pfarrern in Güstrow, Bremen, Hamburg oder Hannover von Gott und meiner Welt geredet.

Am kommenden Sonntag wurde ich in der evangelisch-lutherischen Kirche in Charlottenburg-Wilmersdorf erwartet – einer der größten Gemeinden Berlins. Da es für mich immer beschwerlicher geworden war, für eine einzige Nacht in einem fremden Bett zu schlafen, machte ich mich – mit Thomas' und Katrins Hilfe – in aller Herrgottsfrühe auf den Weg, um meinen Herrn und Gott zu bezeugen.

Während wir in das Auto stiegen, fragte ich die beiden wie so oft: »Warum tue ich mir das überhaupt an?« Schließlich war ich total nervös, und heftige Rückenschmerzen quälten mich auch.

»Ich glaub', das weißt du haargenau«, meinte Katrin. »Auch wenn das alles Strapazen für dich sind, und du dich nicht ordentlich rühren kannst, berühren deine Worte die Menschen.«

Um ein bisschen Sicherheit zu gewinnen, studierte ich während der Fahrt noch einmal meinen Teil des Konzeptes für die Predigt über das Thema Vergangenheitsbewältigung. Als ich meine schwarze Mappe aufschlug, las ich: »Wisst ihr, was mir aufgefallen ist: Es gibt blöde Umstände, die wir anderen – speziell unseren Angehörigen – zu verdanken haben: Aber es bringt niemandem etwas, sich selbst zu bemitleiden und anderen die Schuld zuzuweisen. Das macht es nicht besser. Im Gegenteil! Es bringt uns nicht weiter, wenn wir immer wieder fragen: Warum gerade ich? Wieso ist mir das passiert? Manchmal stehen wir vor schwierigen Situationen, um das Beste aus ihnen zu machen und uns zu bewähren. Und wir können es auch, weil Gott uns helfen kann und will. Wir sind niemals festgelegt, haben immer die Wahl: Entweder wir wollen in der Gegenwart leben und nehmen unser Leben in die Hand – oder wir bleiben in unserer Vergangenheit stecken und sterben an Verbitterung und in der Trauer…«

Genau das vermittelte ich den vielen Besuchern des Gottesdienstes dann auch ungefähr drei Stunden später in der riesigen Kirche Berlins – zusammen mit einem Freund meines Pastors. Ich untermauerte das Gesagte noch mit einigen Beispielen aus meinem eigenen Leben, was die Herzen der Menschen tatsächlich – wieder einmal – erreichte. Denn im Anschluss der Veranstaltung kamen etliche auf mich zu, um sich bei mir für die Ermutigung zu bedanken. Andere wiederum baten mich, dass ich mit ihnen betete und ihnen in einer scheinbar ausweglosen Lage Hoffnung zusprach. Für mich war das die Erfüllung. Ich hatte meine Berufung gefunden. Deshalb strahlte ich an diesem Tag – genauso wie das gelbe Spitzenkleid, das ich trug.

Als meine Mission an diesem Tag erfüllt war, setzte ich mich erfüllt und auch erschöpft in unser Auto. Katrin und Thomas luden derweil meinen Rollstuhl in den Kofferraum.

Plötzlich sah ich einen Mann in unsere Richtung laufen, der große Ähnlichkeit mit meinem Vater hatte. Instinktiv erschrak ich. Aber dann dachte ich einen kurzen Augenblick darüber nach, was ich tun würde, wenn er es tatsächlich wäre. »Hätte ich mich – nach 14 Jahren Funkstille – versteckt? Wäre ich vor ihm gekuscht, vor ihm gekrochen ... wie früher? Oder hätte ich die Konfrontation mit ihm gesucht – ihm Vorhaltungen gemacht, weil er mich mein Leben lang so ungnädig behandelt hatte?«

Auf einmal war ich mir sicher, dass ich ihn in Frieden lassen, in Frieden gehen lassen würde. Doch – wenn er ... als mein letzter lebender Verwandter ... friedliebend, friedfertig auf mich zukommen würde, wäre ich bereit, zusammen mit ihm einen neuen Weg zu gehen: einen Weg der Versöhnung und der Aufrichtigkeit. Ich würde ihn nicht hängen-, nicht fallen- lassen. Schließlich hatte ich seit 26 Jahren Tag für Tag erlebt, wie wohltuend es war, wenn man in Liebe aufgefangen wurde. Mein himmlischer Vater war für mich ein einzigartiges Vor- bild; er war mein Gott für alle Fälle geworden!

VON REINHARD DEICHGRÄBER

NEUFELD VERLAG

n ⓥ

Du bist begabt und reich beschenkt

Ich habe mein Leben nicht selbst gemacht. Ich habe es auch nicht selbst erarbeitet. Ich habe es mir auf keine Weise und durch nichts selber verdient. Ich habe es nicht irgendwo eingekauft.

Sondern ich habe mein Leben als Geschenk empfangen, und jeder Tag ist ein neues Geschenk.

Könnte es sein, dass Gott – also der, der mich geschaffen hat – sich selber mit meiner Geburt ein großartiges Geschenk gemacht hat?

Reinhard Deichgräber öffnet uns mit diesem Büchlein neu die Augen – und weckt in uns eine Ahnung vom Geheimnis des Lebens und Glaubens.

90 Seiten, Hardcover, ISBN 978-3-86256-091-2

VON SABINE ZINKERNAGEL

NEUFELD VERLAG

n(v)

Wer nur auf die Löcher starrt, verpasst den Käse

Aus dem Leben mit zwei besonderen Kindern

Als der Frauenarzt ihr eröffnet, dass auch ihr zweites Kind behindert zur Welt kommen wird, bricht für Sabine Zinkernagel die Welt zusammen. Dreht sich ihr Leben nun nur noch um die Defizite ihrer Söhne? Erst allmählich und mit Hilfe von außen entdeckt sie die starken Seiten ihrer beiden besonderen Kinder.

Von den außergewöhnlichen Stärken ihrer Söhne, von Türschlossknackern, Sprachjongleuren und großen Musikern erzählt die Autorin lebendig, witzig und ehrlich. Sie beschreibt die Höhen und Tiefen ihres Familienlebens. Und sie schildert ihr ganz persönliches Ringen um neues Vertrauen in Gott.

Was, wenn unser Leben plötzlich ganz anders verläuft als gedacht? Ein bewegendes und ehrliches Buch, das Mut macht.

158 Seiten, Hardcover, mit Geschenkkarte
ISBN 978-3-86256-027-1, 2. Auflage 2013
E-Book: ISBN 978-3-86256-702-7

VON ROLAND WALTER

NEUFELD VERLAG

König Roland

Im Rollstuhl durchs Universum

Ein glücklicher und intelligenter König plaudert aus seinem Leben. Roland Walter ist von Geburt an schwerbehindert und ständig auf fremde Hilfe angewiesen. Trotzdem sagt er, er sei ein König – ein König der Lebensfreude. Der berührende Bericht eines eingeschränkten und doch erfüllten Lebens.

Die ansteckende Energie und Ehrlichkeit des Autors, sein ungebrochenes Vertrauen in Jesus und sein trockener Humor machen dieses Buch zu einer außergewöhnlichen Autobiografie.

96 Seiten, Paperback, ISBN 978-3-86256-023-13
E-Book: ISBN 978-3-86256-712-6

Roland Walters Gedicht „Wer bin ich?" ist als Poster sowie als Geschenkkarte erhältlich